SEM FILHOS, SEM CULPA!
UMA ANÁLISE SOBRE A DECISÃO DE NÃO TER FILHOS

Editora Appris Ltda.
1.ª Edição - Copyright© 2025 da autora
Direitos de Edição Reservados à Editora Appris Ltda.

Nenhuma parte desta obra poderá ser utilizada indevidamente, sem estar de acordo com a Lei nº 9.610/98. Se incorreções forem encontradas, serão de exclusiva responsabilidade de seus organizadores. Foi realizado o Depósito Legal na Fundação Biblioteca Nacional, de acordo com as Leis n°s 10.994, de 14/12/2004, e 12.192, de 14/01/2010.

Catalogação na Fonte
Elaborado por: Dayanne Leal Souza
Bibliotecária CRB 9/2162

D192s
2025

Dantas, Amanda
    Sem filhos, sem culpa!: uma análise sobre a decisão de não ter filhos / Amanda Dantas. – 1. ed. – Curitiba: Appris, 2025.
    75 p. ; 21 cm. – (Coleção Multidisciplinaridade em Saúde e Humanidades).

    Inclui referências.
    ISBN 978-65-250-7308-8

    1. Parentalidade. 2. Filhos. 3. Não maternidade. I. Dantas, Amanda. II. Título. III. Série.

                                            CDD – 346.017

Livro de acordo com a normalização técnica da ABNT

Editora e Livraria Appris Ltda.
Av. Manoel Ribas, 2265 – Mercês
Curitiba/PR – CEP: 80810-002
Tel. (41) 3156-4731
www.editoraappris.com.br

Printed in Brazil
Impresso no Brasil

Amanda Dantas

SEM FILHOS, SEM CULPA!
UMA ANÁLISE SOBRE A DECISÃO DE NÃO TER FILHOS

Appris editora

Curitiba, PR
2025

FICHA TÉCNICA

EDITORIAL Augusto Coelho
Sara C. de Andrade Coelho

COMITÊ EDITORIAL Ana El Achkar (Universo/RJ)
Andréa Barbosa Gouveia (UFPR)
Antonio Evangelista de Souza Netto (PUC-SP)
Belinda Cunha (UFPB)
Délton Winter de Carvalho (FMP)
Edson da Silva (UFVJM)
Eliete Correia dos Santos (UEPB)
Erineu Foerste (Ufes)
Fabiano Santos (UERJ-IESP)
Francinete Fernandes de Sousa (UEPB)
Francisco Carlos Duarte (PUCPR)
Francisco de Assis (Fiam-Faam-SP-Brasil)
Gláucia Figueiredo (UNIPAMPA/ UDELAR)
Jacques de Lima Ferreira (UNOESC)
Jean Carlos Gonçalves (UFPR)
José Wálter Nunes (UnB)
Junia de Vilhena (PUC-RIO)
Lucas Mesquita (UNILA)
Márcia Gonçalves (Unitau)
Maria Aparecida Barbosa (USP)
Maria Margarida de Andrade (Umack)
Marilda A. Behrens (PUCPR)
Marília Andrade Torales Campos (UFPR)
Marli Caetano
Patrícia L. Torres (PUCPR)
Paula Costa Mosca Macedo (UNIFESP)
Ramon Blanco (UNILA)
Roberta Ecleide Kelly (NEPE)
Roque Ismael da Costa Güllich (UFFS)
Sergio Gomes (UFRJ)
Tiago Gagliano Pinto Alberto (PUCPR)
Toni Reis (UP)
Valdomiro de Oliveira (UFPR)

SUPERVISORA EDITORIAL Renata C. Lopes

PRODUÇÃO EDITORIAL Daniela Nazário

REVISÃO Ana Lúcia Wehr e Manuella Marquetti

DIAGRAMAÇÃO Ana Beatriz Fonseca

CAPA Mariana Brito

REVISÃO DE PROVA Jibril Keddeh

COMITÊ CIENTÍFICO DA COLEÇÃO MULTIDISCIPLINARIDADES EM SAÚDE E HUMANIDADES

DIREÇÃO CIENTÍFICA Dr.ª Márcia Gonçalves (Unitau)

CONSULTORES Lilian Dias Bernardo (IFRJ)

Taiuani Marquine Raymundo (UFPR)

Tatiana Barcelos Pontes (UNB)

Janaína Doria Líbano Soares (IFRJ)

Rubens Reimao (USP)

Edson Marques (Unioeste)

Maria Cristina Marcucci Ribeiro (Unian-SP)

Maria Helena Zamora (PUC-Rio)

Aidecivaldo Fernandes de Jesus (FEPI)

Zaida Aurora Geraldes (Famerp)

AGRADECIMENTOS

À Neuza e à Dalva (*in memoriam*), minhas avós, sou imensamente grata pelo amor incondicional que me cercou desde a infância. Seus ensinamentos moldaram quem eu sou.

Ao meu pai, minha gratidão pela fé que sempre depositou em mim. As oportunidades que ele me proporcionou e proporciona são o combustível que me impulsiona a seguir meus sonhos.

Ao meu companheiro, Alexandre, por compartilharmos essa jornada juntos. Sua força me inspira, e seu apoio e cuidado tornam minha trajetória melhor.

Ao Matheus, por sermos mais que irmãos. Nossas conversas me ajudam a enxergar o mundo sob novas perspectivas. A forma como ele encara os desafios me inspira a ser mais suave.

À Maria Manuela, minha pequena sobrinha, pela confiança que deposita em mim. Ver o mundo através dos seus olhos me faz lembrar da importância de manter a curiosidade e a alegria de viver.

À Cristiane Moreira, pela parceria e contribuição no desenvolvimento do meu estudo sobre os processos decisórios de mulheres e homens que decidiram não ter filhos. À Luciana Senra, pelos direcionamentos certeiros e essenciais que enriqueceram significativamente este trabalho.

À Ana Cláudia Peixoto, pela confiança e pela oportunidade de realizar o doutorado sob sua orientação. Sou especialmente grata por me mostrar que a felicidade é um dos alicerces fundamentais na trajetória de uma pesquisa.

À minha mãe, Neuza, minha grande amiga, mulher que ilumina o caminho de tantas pessoas e distribui amor por onde passa.

APRESENTAÇÃO

A obra *Sem filhos, sem culpa! Uma análise sobre a decisão de não ter filhos* lança um olhar crítico sobre um fenômeno crescente em nossa sociedade: a decisão de não ter filhos. Este estudo oferece uma abordagem abrangente sobre o tema, explorando motivações, pressões e reflexões que permeiam essa escolha.

O livro começa por situar o leitor no âmbito das transformações sociais e culturais que têm moldado os modelos familiares nas últimas décadas. Contextualizam-se as mudanças nos padrões de natalidade e questiona-se a visão tradicional da parentalidade como um caminho inevitável na vida adulta.

A obra avança para uma análise detalhada dos processos decisórios, mostrando como fatores psicológicos e sociais se entrelaçam na escolha pela não parentalidade. Para isso, são conduzidas entrevistas com homens e mulheres que optaram por esse caminho, revelando as complexidades e as nuances que envolvem essa decisão. As histórias pessoais, longe de serem meras narrativas individuais, são colocadas em diálogo com questões mais amplas, como o impacto do gênero nas expectativas sociais e a interseccionalidade dos marcadores de raça e classe social.

São destacadas as diferenças nas experiências de homens e mulheres ao lidar com a não parentalidade. Enquanto os homens, muitas vezes, enfrentam menos pressão social, as mulheres frequentemente encontram expectativas culturais que as vinculam à maternidade. O livro explora como essas pressões são negociadas e, em muitos casos, rejeitadas em nome de uma vida que privilegia a autonomia, a liberdade e a realização pessoal.

Sem filhos, sem culpa! Uma análise sobre a decisão de não ter filhos não é apenas uma análise acadêmica; é um convite à reflexão sobre as diversas formas de viver em uma sociedade que valoriza a diversidade e a liberdade de escolha. A obra propõe uma discussão necessária e urgente sobre o direito de decidir, livre de culpas e julgamentos, o rumo de nossas vidas.

A autora

PREFÁCIO

As estatísticas e um olhar atento para as gerações anteriores constatam a diminuição progressiva dos nascimentos nas últimas décadas. O que esses dados nos ensinam sobre a sociedade e a subjetividade contemporânea? O que está em xeque quando homens e mulheres escolhem não ter filhos? Em *Sem filhos, sem culpa! Uma análise sobre a decisão de não ter filhos*, Amanda Dantas questiona a parentalidade como um processo natural da vida e coloca em discussão a decisão de não ter filhos na contemporaneidade de maneira provocativa e fundamentada. A formação da autora em Jornalismo e Psicologia dão o tom para o texto: informativo, crítico e sensível.

A leitura é fluida, didática e contextualizada, ao mesmo tempo que é instigante. Inicia por descrever as transformações sociais dos modelos do que se convencionou chamar família a partir de uma revisão da literatura brasileira acerca do tema; trabalha a tomada de decisão enquanto processo psicológico atravessado por fatores individuais e sociais para, por fim, escutar homens e mulheres que decidiram não ter filhos. Amanda nos convida a refletir a linha tênue entre a escolha pela não parentalidade, o entendimento de que não há condições ideais para exercê-la e certa percepção de que essa imperfeição é uma finalidade do viver em si.

A leitura contribui para desconstruir estigmas e compreender as dinâmicas sociais e psicológicas envolvidas na decisão pela parentalidade ou não, além das implicações para a vida pessoal e para o mercado de trabalho, principalmente para as mulheres que conquistam espaços profissionais, mas que ainda permanecem com divisão insuficiente do trabalho e do cuidado dentro de casa. Uma característica do contemporâneo sobressai-se nos relatos escutados pela autora: a busca por liberdade, autonomia e menos responsabilidades. Será que as formações familiares que incluem filhos são percebidas como entraves para um estilo de vida que vem sendo supervalorizado? Talvez os modos de viver na atualidade, que impulsionam o privilégio da vida profissional ou mesmo a necessidade de sustento, fazem com que a parentalidade se torne um desafio ainda maior do que em outros tempos o foi? Quem sabe é somente o resultado de refletirmos e nos posicionarmos diante do que sempre foi dado como parte do processo natural da vida? Não há uma resposta única para um fenômeno tão complexo e que exige coragem para ser discutido como proposto.

Os estudos de gênero têm se debruçado sobre a maternidade, questionando o entendimento de que o desejo por ter filhos é um aspecto inerente à condição de mulher, como uma missão ou instinto. A desconstrução da maternidade romantizada ou movimentos como o "maternidade real" vêm se popularizando e ocupando espaços importantes nos veículos midiáticos e espaços acadêmicos. O tema não é novo, nem pouco explorado, está longe de ter se esgotado, mas é aqui discutido com originalidade na abordagem da temática na medida em que problematiza a escolha pela parentalidade escutando também os homens, ponto de vista frequentemente negligenciado, como se essa decisão não os envolvesse.

Similar ao que acontece com o senso de responsabilidade pelo cuidado que, mesmo com os avanços legislativos e apesar dos movimentos feministas, continua sendo atribuído às mulheres, a não parentalidade exige pouco dos homens e parece não suscitar alguma culpa. Uma mulher, quando opta por não ter filhos, é questionada e julgada por tal decisão com a justificativa de um tempo biológico ou uma negação da natureza. Os homens raramente são convocados para tais esclarecimentos, como se não fosse algo que precisassem definir, portanto, consequentemente, pensam pouco a respeito. Amanda os chama para discussão.

O ponto alto do livro está na perspicácia da autora ao colocar em análise as questões socioculturais de gênero que diferenciam os efeitos e os fatores que culminam em tal decisão para os homens e para as mulheres, indicando, ainda, a questão da interseccionalidade como ponto relevante, pontuando os marcadores de gênero, raça e classe social que atravessam a decisão pela não parentalidade.

Professora doutora Cristiane Moreira da Silva

Programa de Pós-Graduação em Psicologia da Universidade Católica de Petrópolis e graduação em Psicologia do Centro Universitário La Salle-RJ

Sumário

INTRODUÇÃO 17
Por que comecei a pesquisar sobre a vida sem filhos? 19

CAPÍTULO 1
TRANSFORMAÇÕES CONTEMPORÂNEAS NAS ESTRUTURAS E DINÂMICAS FAMILIARES 21

CAPÍTULO 2
PROCESSOS DECISÓRIOS ACERCA DA PARENTALIDADE 27

CAPÍTULO 3
A TRANSFORMAÇÃO NOS PAPÉIS DE GÊNERO E A MATERNIDADE 35
Análise e abordagem teórica 42

CAPÍTULO 4
DESVENDANDO A PERCEPÇÃO DA NÃO PARENTALIDADE 45
Decisão de não ter filhos 47
Percepção de apoio 51
Influências na tomada de decisão 54

A ESCOLHA PELA NÃO PARENTALIDADE: UM REFLEXO DOS TEMPOS MODERNOS 61

REFERÊNCIAS 67

ÍNDICE REMISSIVO 73

INTRODUÇÃO

Os processos decisórios de mulheres e homens adultos em relação à parentalidade é um tema plural, que tem despertado cada vez mais interesse na literatura científica. A taxa de fecundidade no Brasil tem experimentado uma redução notável desde os anos 1970, refletindo o declínio no número de filhos nascidos por mulheres em idade reprodutiva, conforme apontam dados do Censo 2022 do Instituto Brasileiro de Geografia e Estatística (IBGE)[1].

Há cerca de seis décadas, ter seis filhos representava a média do padrão reprodutivo brasileiro. Nos anos 1980, essa média diminuiu para 4,4 filhos por mulher[2]. Em 2000, a taxa de fecundidade reduziu para 2,2 filhos, e, em 2020, a média atingiu 1,65 filhos. Hoje em dia, estar dentro da média implica ter entre um e dois filhos. Na mesma tendência estão as estatísticas de casais que optam por não ter filhos[3]. Houve uma diminuição relativa nos casais que têm filhos, caindo de 43,8% para 40,2%, entre os terceiros trimestres de 2019 e 2022. Ao mesmo tempo, o número de casais sem filhos aumentou de 18,3% para 19,0% no mesmo período.

As mudanças na sociedade têm influenciado esse declínio. Fatores econômicos e culturais têm levado as mulheres das novas gerações a adotarem comportamentos diferentes. Além disso, o país passou de um contexto predominantemente agrário para uma concentração da população nos centros urbanos. Essas transfor-

---

[1] IBGE – INSTITUTO BRASILEIRO DE GEOGRAFIA E ESTATÍSTICA. **Estatísticas de Gênero** - Indicadores sociais das mulheres no Brasil. Rio de Janeiro: IBGE, 2022a. Disponível em: https://www.ibge.gov.br/estatisticas/multidominio/genero/20163-estatisticas-de-genero-indicadores-sociais-das-mulheres-no-brasil.html. Acesso em: 20 ago. 2024.

[2] IBGE – INSTITUTO BRASILEIRO DE GEOGRAFIA E ESTATÍSTICA. **Indicadores sociodemográficos e de Saúde no Brasil - 2009**. Rio de Janeiro: IBGE, 2009. Disponível em: https://biblioteca.ibge.gov.br/visualizacao/livros/liv42597.pdf. Acesso em: 20 ago. 2024.

[3] DIEESE – DEPARTAMENTO INTERSINDICAL DE ESTATÍSTICA E ESTUDO SOCIOECONÔMICOS. **Boletim especial 8 de março Dia da Mulher**. As dificuldades das mulheres chefes de família no mercado de trabalho. São Paulo: DIEESE, 2023. Disponível em: https://www.dieese.org.br/boletimespecial/2023/mulheres2023.html. Acesso em: 20 ago. 2024.

mações contribuíram para a diminuição da taxa de fecundidade[4]. Na época em que a agricultura tinha um papel fundamental no sustento da família, ter um número maior de filhos implicava contar com mais pessoas para ajudar nas atividades agrícolas.

Diversos elementos estão relacionados ao comportamento das mulheres, que alcançaram níveis educacionais mais elevados e mais participação no mercado de trabalho[5]. Além disso, elas passaram a ter mais acesso e utilização de métodos contraceptivos, possibilitando planejamento quanto ao momento de ter filhos, o que, por sua vez, contribuiu para a redução da taxa de fecundidade ao longo do tempo[6].

Vários são os fatores que impulsionam a postergação da maternidade/paternidade ou mesmo a nuliparidade, como uma crescente demanda feminina por autonomia e satisfação pessoal, transformações de ideais da sociedade, além da insegurança financeira ocasionada em diversos países pelas mudanças socioeconômicas[7]. Essa temática pode ser abordada a partir de estudos dos processos decisórios, que podem ser compreendidos como "Processo cognitivo de escolher entre duas ou mais alternativas, que vão das relativamente bem-definidas (p. ex., fazer um pedido em um restaurante) até às complexas (p. ex., escolher um parceiro)"[8]. Por sua vez, esse tema está inserido dentro dos estudos da Cognição Social, que pode ser compreendida como "Cognição na qual as pessoas percebem, pensam sobre, interpretam, classificam e julgam seus próprios comportamentos sociais e os dos outros"[9].

---

[4] IBGE – INSTITUTO BRASILEIRO DE GEOGRAFIA E ESTATÍSTICA. **Indicadores sociais de fecundidade.** Rio de Janeiro: IBGE, 2023. Disponível em: https://www.ibge.gov.br/indicadores.html. Acesso em: 20 ago. 2024.

[5] IBGE, 2022a.

[6] VARAS, Giuliana Violeta Vasquez; BORSA, Juliane Callegaro. Predictor variables of childbearing motivations in Brazilian women and men. **Paidéia,** Ribeirão Preto, v. 31, 2021.

[7] CUNHA, Marina Silva da; ROSA, Ana Maria Paula; VASCONCELOS, Marcos Roberto. Evidências e fatores associados ao fenômeno de adiamento da maternidade no Brasil. **Revista brasileira de estudos de população,** v. 39, p. e0187, 2022.

[8] APA – AMERICAN PSYCHOLOGICAL ASSOCIATION. **Dicionário de Psicologia APA.** Tradução: Gary R. Vandenbos; Organização: Daniel Bueno; Maria Adriana Verissimo Veronese; Maria Cristina Monteiro. Porto Alegre: Artmed, 2010. p. 964.

[9] APA, 2010, p. 187.

Por que comecei a pesquisar sobre a vida sem filhos?

Minha curiosidade partiu do seguinte questionamento: ter filhos é uma sentença, uma obrigação? Comecei com a análise dos processos decisórios de mulheres e homens adultos que optaram por uma vida sem filhos, e minha pesquisa se delineou a partir de uma revisão de literatura brasileira acerca desses processos decisórios. Posteriormente, analisei quais fatores interferem e/ou são preponderantes nesse processo e iniciei uma investigação sobre as diferenças no que tange ao gênero na identificação dos fatores que influenciam a decisão.

A escolha de não ter filhos é um tema que engloba uma diversidade de fatores, tanto de ordem individual quanto social. Em um contexto no qual a taxa de fecundidade no Brasil tem apresentado uma tendência decrescente desde a década de 1970, resultando na redução da média de filhos por mulher em idade reprodutiva, torna-se essencial investigar esse tópico para compreender suas implicações na sociedade.

Apesar de ser um tema amplamente debatido na contemporaneidade, deparei-me com pouca literatura brasileira focada nisso e que possa contribuir para a desconstrução de estigmas e pressões sociais associadas à maternidade e à paternidade. Mesmo sendo um tema da atualidade, há uma limitada disponibilidade de estudos científicos sobre as motivações e os processos cognitivos subjacentes a essa escolha de vida. E essa ausência de estudos impede a compreensão das dinâmicas sociais, culturais e psicológicas que moldam as escolhas reprodutivas das pessoas, especialmente aquelas que optam pela não maternidade/paternidade.

CAPÍTULO 1

TRANSFORMAÇÕES CONTEMPORÂNEAS NAS ESTRUTURAS E DINÂMICAS FAMILIARES

O conceito de família e o papel dos pais no cotidiano dos filhos têm passado por transformações ao longo da história[10]. Em consonância com essas informações, estatísticas do The World Bank indicam que a taxa de fecundidade total média mundial diminuiu ao longo do tempo. Em 1961, era de 5,0 filhos por mulher, reduzindo para 3,7, em 1980, e chegando a 2,7, no final do milênio. Em tendência semelhante a países com alto nível de desenvolvimento socioeconômico, como Inglaterra e Holanda, o Brasil também seguiu essa trajetória e encerrou o século XX com uma taxa de fecundidade total de 2,3 filhos por mulher. Esse índice diminuiu ainda mais, para 1,7, em 2017[11].

É esperado que a taxa de fecundidade continue a diminuir no país ao longo das próximas décadas, ao mesmo tempo que o número de casais sem filhos aumente no Brasil[12]. Previsto pela Projeção da População do Brasil por Sexo e Idade para o Período 1980-2050, o país deve atingir a marca de 1,5 filho por mulher até o ano de 2050, o que caracteriza um cenário de baixa fecundidade. Em 2021, houve uma queda de 10% na taxa de fecundidade com mulheres entre 15 e 49 anos. Em comparação com a média nacional,

---

[10] ARIÉS, Philippe. **História social da criança e da família**. 2. ed. Rio de Janeiro: Guanabara, 1978.
[11] THE WORLD BANK. **World Bank Open Data**. [S. l.: s. n.], 2018. Disponível em: https://data.worldbank.org/. Acesso em: 10 set. 2024.
[12] IPEDF – INSTITUTO DE PESQUISA E ESTATÍSTICA DO DISTRITO FEDERAL. **Informe demográfico IPEDF**. Nascimento e perfil das mães no Distrito Federal. Brasília-DF: IPEDF, 2023. Disponível em: https://www.ipe.df.gov.br/wp-content/uploads/2023/05/Informe-Demografico-Nascimentos-e-o-Perfil-das-Maes-no-DF.pdf. Acesso em: 20 ago. 2024.

o Distrito Federal apresentou o menor número de nascimentos no país, enquanto o estado de Roraima registrou o maior índice de fecundidade, chegando a 2,40%. A maior diminuição ocorreu na faixa etária de 15 a 19 anos, na qual a taxa de nascimentos vivos por 1 mil mulheres caiu de 50 para 24, representando queda de 53%[13].

Enquanto os grupos mais jovens apresentaram uma tendência oposta, foi observado um aumento de 23% no número de nascimentos de filhos cujas mães estavam na faixa etária de 40 a 44 anos durante a última década. As mulheres com baixa renda têm uma propensão maior a se tornarem mães mais jovens. Apesar da significativa redução na taxa de fecundidade entre os grupos mais novos de mulheres, ainda é perceptível que a proporção de filhos nascidos de mulheres entre 15 e 29 anos é maior nas regiões administrativas com menor renda. Em contraste, nas regiões do Lago Sul, Sudoeste/Octogonal e Jardim Botânico, que são áreas de alta renda no Distrito Federal, é possível observar a menor proporção de mães pertencentes ao mesmo grupo etário[14].

A Síntese dos Indicadores Sociais do IBGE[15] fornece dados sobre a população que reside em domicílios compostos por casais sem filhos. Essa categoria engloba não apenas os membros do casal, mas também pode incluir outros parentes, como sogros e avós. Em 2021, o Brasil contava com 34,4 milhões de indivíduos vivendo em lares nos quais predominavam casais sem filhos. Destaca-se que os arranjos familiares formados por casais sem filhos apresentam a maior proporção de pessoas situadas acima da linha de pobreza, atingindo 55,5%. Isso indica que esses arranjos familiares estão entre os que possuem melhores condições socioeconômicas, evidenciando o menor percentual de indivíduos vivendo em situação de pobreza ou extrema pobreza.

---

[13] IPEDF, 2023.
[14] IPEDF, 2023.
[15] ASCOM – ASSESSORIA DE COMUNICAÇÃO; IBGE – INSTITUTO BRASILEIRO DE GEOGRAFIA E ESTATÍSTICA. **Síntese dos Indicadores Sociais do IBGE** – população que reside em domicílios compostos por casais sem filhos. Destinatário: Amanda Garcia. [S. l.], 2022. 1 e-mail.

A análise comparativa entre dados contemporâneos de fecundidade e as informações relacionadas às constituições familiares desde a Idade Média proporcionam uma perspectiva abrangente sobre as transformações sociais ao longo do tempo. Na Idade Média, a família era entendida como um núcleo formado por pessoas com vínculos consanguíneos, que tinham responsabilidades e obrigações entre si, funções econômicas e de proteção. Laços afetivos não eram valorizados ou nem sequer desenvolvidos.

Crianças não possuíam direitos e eram tratadas como uma espécie de adulto em miniatura. O sistema familiar era patriarcal, sendo o homem a figura de autoridade, responsável pela tomada das decisões e por prover o sustento de todos os integrantes daquele núcleo. No que tange à figura feminina, pode-se afirmar que tinha papel marcado pela submissão e subserviência[16].

No tocante às relações íntimas entre cônjuges, o autor as refere como uma empreitada quase mecânica, uma função animal, ditada por formalidade e distanciamento afetivo; um movimento empreendido para mero exercício da satisfação sexual majoritariamente masculina e/ou procriação. O papel atribuído às mães em relação aos cuidados com os filhos não era socialmente valorizado até o século XVII, mas, no fim do século XVIII, ocorreu uma transformação. No eclodir do século XIX, a dedicação ao lar e a presença afetuosa da mãe garantiram à mulher um novo papel, supostamente importante dentro daquela configuração[17].

A romantização e a idolatria à maternidade corroboraram para que o cuidado e o amor materno se tornassem uma condição considerada inata das mulheres, em conformidade com a perspectiva determinista biológica. A crença de que a maternidade era fator determinante da feminilidade tornou-se socialmente relevante.

---

[16] ARIÈS, 1978.

[17] MACHADO, Jacqueline Simone de Almeida; PENNA, Cláudia Maria de Mattos; CALEIRO, Regina Célia Lima. Cinderela de sapatinho quebrado: maternidade, não maternidade e maternagem nas histórias contadas pelas mulheres. **Saúde em Debate**, [s. l.], v. 43, p. 1120-1131, 2019.

Imperativo reprodutivo é o nome da coisa, um conceito bastante simples de se entender, aliás. A vida clama pela vida. Organismos vivos são "programados" biologicamente para perpetuar seus genes, deixar as chamadas "cópias gênicas, da melhor qualidade possível". São pressões evolutivas desencadeadas a despeito da nossa vontade, para além do querer ou não querer, para muito além da escolha intencional[18].

Moldar o comportamento feminino, alinhando-o à construção do estereótipo da mulher que é mãe e esposa "até que a morte os separe", uma figura discreta cuja função primordial da sexualidade era a reprodução, descreve um dos objetivos do projeto de higienização do Brasil entre o final do século XIX e o início do século XX[19]. Nessa perspectiva, a sociedade buscava impor padrões rígidos que enquadraram as mulheres em um papel específico, marginalizando qualquer desvio desse modelo preconizado.

Na década de 1950, era comum a crença de que toda pessoa adulta casada deveria necessariamente ter filhos, sendo essa uma temática que não figurava entre as discussões cotidianas dos casais. Contudo, as transformações sociais, os avanços médicos e científicos, o advento de métodos contraceptivos eficazes, a revolução sexual e o movimento feminista conduziram a sociedade a uma mudança significativa. A procriação deixou de ser inextricavelmente ligada à sexualidade, e os indivíduos passaram a ter a oportunidade de fazer escolhas conscientes em relação à maternidade[20].

O significado de família tem passado por diversas transformações históricas, redefinindo a compreensão do conceito de instituição familiar. Na contemporaneidade, essa instituição transcende as antigas fronteiras, abrangendo dimensões afeti-

---

[18] CAMINHA, Renato M. **Filhos: ter ou não ter?** Eis a questão! [S. l.]: Literare Books International, 2020. p. 16.

[19] MACHADO; PENNA; CALEIRO, 2019.

[20] BERNARDI, Denise; DANTAS, Cristina Ribeiro; FÉRES-CARNEIRO, Terezinha. Satisfação Conjugal e Liberdade: Percepções de Sujeitos Casados acerca da Ausência de Filhos. **Gerais: Revista Interinstitucional de Psicologia**, Belo Horizonte, v. 13, n. 1, p. 1-15, 2020.

vas, econômicas, sociais, culturais e políticas[21]. Nesse contexto, a expressão "parentalidade" emergiu com mais destaque a partir da década de 1980, refletindo uma compreensão mais abrangente e dinâmica das responsabilidades familiares para além dos papéis tradicionalmente estabelecidos.

Considerando as diversas configurações familiares da atualidade, torna-se importante ressaltar que família é uma instituição em constante transformação. Nesse cenário, pode-se enumerar distintas representações, como a conjugalidade, exemplificada como "a identidade compartilhada a partir do entrelaçamento das subjetividades dos membros do casal, tendo sua origem na história familiar de cada um"[22]. Essa evolução é reflexo das mudanças sociais que redefinem a compreensão da família como uma estrutura mais flexível e diversificada.

Uma única pessoa, que vive sozinha, já é reconhecida como forma legítima de família. "Por um lado, encontram-se menos famílias constituídas por casais com filhos, por outro, constata-se um aumento das famílias unipessoais, isto é, unidades domiciliares formadas por uma só pessoa"[23]. Esse dado foi evidenciado no Censo 2022 do IBGE, e essa mudança na configuração familiar reflete não apenas as escolhas individuais, mas também uma sociedade que reconhece e aceita diferentes arranjos familiares como válidos.

Há uma ampliação da compreensão do que é considerado família na contemporaneidade, incorporando membros não humanos na dinâmica familiar, fenômeno que constitui a família multiespécie, formada tanto por seres humanos, quanto por animais de estimação. Essa categoria tem aumentado no contexto social, mas é salutar esclarecer que, para a família receber tal classificação, os humanos necessariamente precisam validar os animais

---

[21] DANTAS, Cristina Ribeiro Teixeira *et al*. Repercussões da parentalidade na conjugalidade do casal recasado: Revelações das madrastas. **Psicologia: Teoria e Pesquisa**, Brasília, v. 35, p. e3545, 2019.

[22] DANTAS *et al*., 2019, p. 2.

[23] BERNARDI, Denise; MELLO, Renata; CARNEIRO, Terezinha Féres. Ambivalências frente ao projeto parental: vicissitudes da conjugalidade contemporânea. **Revista da SPAGESP**, São Paulo, v. 20, n. 1, p. 9-23, 2019. p. 11.

como integrantes daquele núcleo e inseri-los efetivamente em suas rotinas e seu contexto de vida[24].

Normatizada como modelo tradicional de família está a classificada como nuclear, constituída por um casal heteronormativo e seus filhos, biológicos ou adotados, que coabitam juntos. Família monoparental é composta por um adulto responsável familiar, que possui, no mínimo, uma criança ou um adolescente sob sua tutela[25].

Família recasada ou reconstituída é integrada por indivíduos que se casaram ou se uniram após separação ou viuvez e têm filhos de relacionamentos anteriores, e a família extensa é a que tem a inserção de parentes próximos, como tios e primos[26]. Já a homoafetiva é caracterizada por casais do mesmo sexo ou gênero, com filhos biológicos ou adotados[27], e a multigeracional, pela coabitação de indivíduos de diferentes gerações, como avós, pais e filhos[28]. Essa ampla gama de configurações familiares ressalta a complexidade e a riqueza das relações familiares na contemporaneidade, proporcionando uma compreensão mais abrangente do que constitui uma família nos dias atuais.

---

[24] AGUIAR, Melanie de Souza de; ALVES, Cássia Ferrazza. A família multiespécie: um estudo sobre casais sem filhos e tutores de pets. **Pensando famílias**, [s. l.], v. 25, n. 2, p. 19-30, 2021.
[25] BENATTI, Ana Paula *et al.* Famílias monoparentais: Uma revisão sistemática da literatura. **Psicologia: Ciência e Profissão**, Brasília, v. 41, n. spe3, p. e209634, 2021.
[26] DANTAS *et al.*, 2019.
[27] SILVA, Helainne Santos da; BERNARDES, Rochele Juliane Lima Firmeza. O olhar do estado diante da família e da adoção homoafetiva. **Revista Ibero-Americana de Humanidades, Ciências e Educação**, [s. l.], v. 9, n. 10, p. 6539-6553, 2023.
[28] HERÉDIA, Vania Beatriz Merlotti; CASARA, Miriam Bonho; CORTELLETTI, Ivonne Assunta. Impactos da longevidade na família multigeracional. **Revista brasileira de geriatria e gerontologia**, [s. l.], v. 10, p. 7-28, 2019.

CAPÍTULO 2

PROCESSOS DECISÓRIOS ACERCA DA PARENTALIDADE

A parentalidade pode ser definida como uma profusão de experiências, comportamentos e atos praticados por adultos de referência de uma criança, para assegurar sua sobrevivência, sua segurança e seu desenvolvimento saudável e pleno em todos os âmbitos da vida. Extrapola vínculos biológicos, é desenvolvida a partir de conexões afetivas e, invariavelmente, é constituída por experiências acumuladas desde a infância, história familiar, questões de gênero e contexto sociocultural[29].

O cuidado parental acarreta diferentes responsabilidades[30] e geralmente não é desempenhado apenas pelos pais ou responsáveis diretos da criança, mas por sua rede mais próxima de convivência, comumente avós, babás e profissionais da instituição de ensino em que o menor está inserido. Todo o envolvimento e os deveres presentes na criação de um filho são da ordem da parentalidade.

O modelo parental que cada indivíduo desenvolverá tem relação com o experienciado na posição de filho e com uma série de fatores relativos ao seu contexto, como o ambiente histórico, cultural, social, econômico, jurídico, questões de gênero e, em alguns casos, a religião; e com aspectos mais particulares, inconscientes e conscientes, eventos traumáticos e os recursos emocionais escolhidos para lidar com suas cicatrizes. Não há um único

---

[29] BOWLBY, John. **Formação e rompimento dos laços afetivos**. São Paulo: Martins Fontes, 1982.

[30] CARPES, Pâmela Billig Mello *et al.* Parentalidade e carreira científica: o impacto não é o mesmo para todos. **Epidemiologia e Serviços de Saúde**, Brasília, v. 31, n. 2, p. e2022354, 2022.

molde ideal, mas ajustamentos criativos para tornar aquele núcleo familiar adequado[31].

A tomada de decisão é uma atividade típica à vida humana, na qual indivíduos são confrontados com escolhas e devem selecionar entre diferentes opções. Nesse processo, o pensamento e o desenvolvimento dos esquemas mentais desempenham um papel fundamental. O pensamento humano é organizado por categorias, que agrupam objetos, eventos ou conceitos com base em suas características comuns. É um processo trivial ao ser humano, pois estamos sempre classificando itens em busca de conhecimento[32].

Dentro dessas categorias, existem os protótipos, que são representações mentais que correspondem à representação mais típica ou exemplar de uma categoria. Os protótipos desempenham um papel importante na forma como se percebe e se compreende o mundo, uma vez que fornecem uma base para a identificação e classificação de novas informações[33].

No processo de tomada de decisão, dois tipos de pensamento coexistem: o automático e o controlado. O sistema 1, que corresponde ao pensamento automático, é rápido, intuitivo e depende do conhecimento prévio armazenado na memória e da organização dos esquemas mentais. Embora seja eficiente em muitas situações, o pensamento automático também pode levar a erros, pois está sujeito a vieses cognitivos e heurísticas[34]. Por outro lado, o sistema 2, que corresponde ao pensamento controlado, é deliberado, lento e requer esforço cognitivo. Esse tipo de pensa-

---

[31] TAVARES, Andressa; GUALBERTO, Silva; ANDRADE, Celana Cardoso. Tornar-se pais: uma compreensão gestáltica das diferentes parentalidades contemporânea. **Revista da Abordagem Gestáltica:** Phenomenological Studies, Goiânia, v. 27, n. 3, p. 267-277, 2021.

[32] PIEDADE, Maria Antonieta Requião. **Introdução à teoria da classificação.** Rio de Janeiro: Interciência, 1983.

[33] LIMA, Gercina Ângela Borém de Oliveira. Modelos de categorização: apresentando o modelo clássico e o modelo de protótipos. **Perspectivas em ciência da informação,** Belo Horizonte, v. 15, p. 108-122, 2010.

[34] ANDRADE, Flávio da Silva. A tomada da decisão judicial criminal à luz da psicologia: heurísticas e vieses cognitivos. **Revista Brasileira de Direito Processual Penal,** Porto Alegre, v. 5, n. 1, p. 507-540, 2019.

mento envolve uma análise consciente e crítica das informações disponíveis, permitindo uma tomada de decisão mais ponderada e baseada em raciocínio lógico[35].

O sistema 1 opera de maneira automática, enquanto o sistema 2 geralmente trabalha em um modo de baixo esforço, no qual apenas uma parte de sua capacidade é normalmente utilizada. O sistema 1 constantemente fornece sugestões ao sistema 2, como impressões, intuições, intenções e sentimentos. Quando validadas pelo sistema 2, essas impressões e intuições se transformam em crenças, e os impulsos se convertem em ações voluntárias. Em circunstâncias de funcionamento harmonioso, que compreendem a maior parte do tempo, o sistema 2 aceita as orientações do sistema 1 com pouca ou nenhuma alteração. Comumente, confiamos em nossas impressões e agimos de acordo com nossos desejos[36].

Heurísticas e vieses cognitivos são fenômenos psicológicos que influenciam o pensamento e a tomada de decisão de maneira sistemática e muitas vezes inconsciente. Eles representam atalhos mentais ou simplificações que o cérebro utiliza para lidar com a complexidade das informações. Embora esses mecanismos possam ser úteis em algumas situações, eles também podem levar a erros e distorções no raciocínio[37].

Os vieses cognitivos são padrões sistemáticos de desvio no processamento de informações ou interpretação de eventos. Eles podem surgir devido às limitações na capacidade cognitiva, influências emocionais ou tendências automáticas do pensamento[38]. Alguns exemplos comuns de vieses cognitivos incluem:

a. viés de confirmação: tendência de buscar, interpretar e lembrar informações de uma forma que confirme crenças

---

[35] ANDRADE, 2019.
[36] KAHNEMAN, Daniel. **Rápido e devagar: Duas formas de pensar.** Tradução de Cássio de Arantes Leite. Rio de Janeiro: Objetiva, 2012.
[37] STERNBERG, Robert; STERNBERG, Karin. **Psicologia cognitiva.** Tradução de Marcelo Fernandes; Revisão técnica de Noveritis. 2. ed. São Paulo: Cencage Learning, 2016.
[38] STERNBERG; STERNBERG, 2016.

e expectativas preexistentes, enquanto se ignora ou se desconsidera evidências contrárias;

b. efeito de ancoragem: tendência de se basear fortemente em informações iniciais ao fazer estimativas ou avaliações, mesmo que essas informações sejam irrelevantes ou arbitrárias.

c. viés de disponibilidade: tendência de dar mais importância a informações ou exemplos que são facilmente lembrados em detrimento daqueles menos acessíveis, mesmo que sejam mais representativas ou relevantes.

As heurísticas são regras ou estratégias mentais simplificadas que ajudam a tomar decisões rapidamente e com menos esforço cognitivo. São atalhos mentais que permitem economia de tempo e recursos, mas podem levar a erros. Algumas heurísticas incluem:

a. da representatividade – tendência de basear a probabilidade de um evento ocorrer na medida em que ele se assemelha a um protótipo conhecido, sem levar em conta estatísticas relevantes;

b. da disponibilidade – tendência de julgar a frequência ou probabilidade de um evento com base na facilidade com que exemplos ou instâncias desse evento surgem à mente;

c. da ancoragem e ajustamento – propensão de iniciar o julgamento ou a estimativa com uma âncora inicial e fazer ajustes a partir dela, resultando em estimativas enviesadas[39].

É importante reconhecer a presença de vieses cognitivos e heurísticas no pensamento, pois eles podem influenciar as decisões e os julgamentos de maneiras não intencionais. Ao compreender

---

[39] MAISTO, Albert A.; MORRIS, Charles G. **Introdução à Psicologia**. Tradução de Ludmilla Teixeira Lima e Marina Sobreira Duarte Baptista. 6. ed. São Paulo: Prentice Hall, 2004.

esses fenômenos, é possível buscar abordagens mais críticas e conscientes no processo de tomada de decisão, mitigando seus efeitos. A forma como os pensamentos e esquemas mentais são desenvolvidos e utilizados afeta diretamente o processo de tomada de decisão. Em muitos casos, decisões cotidianas são tomadas automaticamente, guiadas pelo pensamento automático. Em situações mais complexas ou que requerem análise cuidadosa, é necessário recorrer ao pensamento controlado para considerar diferentes perspectivas, levantar hipóteses, avaliar alternativas e antecipar possíveis consequências[40].

A tomada de decisão tende a influenciar diversas áreas da vida, incluindo a escolha sobre a maternidade e paternidade. No contexto da decisão de não ter filhos, indivíduos em diferentes estágios ponderam sobre uma série de fatores pessoais, sociais, culturais, de gênero e econômicos que moldam suas perspectivas e preferências em relação à parentalidade. A análise dos processos decisórios de pessoas que decidiram não ter filhos fornece elementos para a compreensão dos motivos subjacentes, os efeitos na dinâmica familiar e social, bem como as implicações para o planejamento familiar e a demografia[41].

As transformações sociais têm impulsionado o aumento da consciência das mulheres em relação a seus corpos, levando-as a assumirem o controle e tomarem decisões baseadas em seus próprios desejos[42]. É importante reconhecer as mudanças nas incumbências femininas, a capacidade das mulheres de efetuarem suas predileções e rejeitarem a obrigação da maternidade, o que abre espaço para uma compreensão mais ampla e complexa da experiência feminina. A razão por si só não é capaz de explicar plenamente a complexidade da vida cotidiana nem os diversos modos de interação entre o sujeito e o mundo[43]. Portanto, deve-se reconhecer e examinar a vida diária da cultura e como ela gera

---

[40] ANDRADE, 2019.
[41] VARAS; BORSA, 2021.
[42] BERNARDI; DANTAS; FÉRES-CARNEIRO, 2020.
[43] MACHADO; PENNA; CALEIRO, 2019.

significado, a fim de compreender como o indivíduo percebe, interpreta e vivencia o mundo.

A decisão de não ter filhos pode resultar de múltiplos fatores, sendo um deles a impossibilidade biológica, também definida como infertilidade primária[44]. Quando pessoas férteis escolhem desenvolver um projeto de vida sem filhos, denomina-se infertilidade voluntária.

> Essas transformações constituem o cenário em que se pode observar tanto a queda da taxa de fecundidade quanto o adiamento da maternidade, transformando a compatibilização entre a decisão de maternidade e o ingresso e empenho feminino na vida profissional cada vez mais relevante para a trajetória demográfica futura dos países. Portanto, essa literatura sugere que a dinâmica demográfica ocorre de maneira diferenciada em função, entre outros fatores associados, do nível educacional, do engajamento no mercado de trabalho, da estrutura familiar e das diferenças regionais[45].

A maternidade tradicional, por si só, já influencia a trajetória profissional das mulheres. A combinação de fatores que afetam a vida em sociedade, como raça ou cor da pele, orientação sexual, condição de deficiência, entre outros, é conhecida como interseccionalidade[46]. Esse panorama passa a ser ainda mais difícil quando o filho requer cuidados constantes e prolongados para o resto da vida. Tipicamente, as mulheres são as principais responsáveis por lidar com as questões atreladas à criação dos filhos, e, com isso, é direcionada a elas uma carga maior para que as expectativas de ambos os ambientes sejam supridas.

A partir da segunda metade do século XX, houve uma queda significativa na taxa média de fertilidade na América Latina e no

---

[44] GARRIDO, Fanta Javiera; SACCO, Nicolás Alejandro. Tendencias de nuliparidad definitiva en países de América Latina y el Caribe: ¿hacia la desuniversalización de la maternidad? **Sociedad Mexicana de Demografía; Coyuntura Demográfica**, [s. l.], v. 13, n. 1, p. 25-32, 2018.

[45] CUNHA; ROSA; VASCONCELOS, 2022, p. 6.

[46] CARPES et al., 2022.

Caribe (LAC)[47]. Após a maternidade, as mulheres enfrentam uma série de implicações, como o sentimento de solidão, a falta de uma rede de apoio, o fardo do cuidado dos filhos, as pressões relacionadas à conciliação entre o trabalho doméstico e remunerado, o que pode desencorajar aquelas que estão considerando a possibilidade de se tornarem mães[48]. Além disso, o retorno rápido ao trabalho, a insegurança causada pelas demissões após a licença-maternidade e a falta de espaços públicos com infraestrutura adequada para crianças também se somam a essa lista.

---

[47] GARRIDO; SACCO, 2018.

[48] PEREIRA, Lívia Cretton; TSALLIS, Alexandra Cleopatre. Maternidade versus Sacrifício: uma análise do efeito moral dos discursos e práticas sobre a maternidade, comumente engendrados nos corpos das mulheres. **Revista Pesquisas e Práticas Psicossociais**, São João del-Rei, MG, v. 15, n. 3, p. 1-14, 2020.

CAPÍTULO 3

A TRANSFORMAÇÃO NOS PAPÉIS DE GÊNERO E A MATERNIDADE

A maternidade, como um aspecto inerente da feminilidade, tem passado por mudanças. Tradicionalmente, ser mãe era considerado um destino inquestionável, quase uma sentença e uma expressão natural da feminilidade. A cultura e os padrões de comportamento têm influenciado a maneira como as crianças são socializadas desde cedo, quando, já nas brincadeiras infantis, ainda se percebe, em muitos casos, uma divisão de papéis de gênero, em que meninos são incentivados a atividades mais agressivas e meninas são direcionadas para brincadeiras que envolvem cuidados[49].

A ligação entre o cuidado e a feminilidade tem sido reiterada ao longo da história, com a concepção de que as mulheres possuem um instinto natural para proteger os filhos, ao passo que os homens são considerados menos capazes nessa área[50]. Essa perspectiva contrasta com a argumentação apresentada por outros pesquisadores da área, que abordam a escolha do controle da fecundidade pelas mulheres, desvinculando-as da obrigação estrita de procriar[51]. Isso estabelece um diálogo significativo não apenas com o anseio pela maternidade, mas também com outros possíveis desejos femininos.

No entanto, esse paradigma tem sido indagado, e a ideia de ser mãe está deixando de ser uma evidência lógica. No contexto

---

[49] BERNARDI, Denise; FÉRES-CARNEIRO, Terezinha; MAGALHÃES, Andrea Seixas. Entre o desejo e a decisão: a escolha por ter filhos na atualidade. **Contextos clínicos**, [s. l.], v. 11, n. 2, p. 161-173, 2018.
[50] BERNARDI; FÉRES-CARNEIRO; MAGALHÃES, 2018.
[51] EMÍDIO, Thassia Souza; GIGEK, Thaís. Elas não querem ser mães: algumas reflexões sobre a escolha pela não maternidade na atualidade. **Trivium - Estudos Interdisciplinares**, Tijuca, RJ, v. 11, n. 2, p. 186-197, 2019.

atual, surge o questionamento: o que realmente deseja uma mulher que se identifica como mãe? Essa questão reflete uma sociedade em transformação, em que os desejos e as expectativas das mulheres em relação à maternidade têm se tornado diversificados e individualizados[52].

Mudanças nos valores e nas práticas sociais resultam em novas concepções sobre a identidade feminina, que têm impactado o ideal de "mulher-mãe" ainda presente no imaginário coletivo. Em consonância, surge a ideia de que a maternidade, como construção social, adquire novo significado na atualidade, e a decisão de ter ou não ter filhos é resultado do desejo individual de cada mulher[53].

A contemporaneidade se delineia pela diversidade de oportunidades destinadas à experiência feminina, marcada pela integração das mulheres no cenário profissional e sua participação mais expressiva na esfera pública. Diversos movimentos femininos têm provocado uma reflexão entre os pesquisadores acerca dos papéis desempenhados pelas mulheres na contemporaneidade. Dentro desses papéis, a decisão de não ter filhos emerge como uma indagação sobre a posição socialmente atribuída à mulher. Impulsionado pelo movimento feminista e pelos princípios da emancipação feminina, observa-se uma busca constante pela separação da identidade feminina da experiência da maternidade[54].

Assim, a percepção feminina sobre a não maternidade instiga cada vez mais pesquisadores a abordarem, por exemplo, temáticas como a compreensão do processo de tomada de decisão de ter ou não filhos, a experiência de comunicar essa escolha para o mundo e suas perspectivas futuras diante dessa decisão[55].

---

[52] RODRIGUES, Patrícia Matos. Mal-estar na feminilidade: "Filhos... filhos? Melhor não tê-los! Mas se não os temos, como sabê-los?". **Revista aSEPHallus de Orientação Lacaniana**, [s. l.], v. 13, n. 26, p. 160-165, 2018.

[53] MACHADO; PENNA; CALEIRO, 2019.
COELHO, Ingrid Mesquita; DE SOUZA, Daniel Cerdeira; DA SILVA, Iolete Ribeiro. Características do relacionamento conjugal de casais que optaram por não ter filhos. **Nova Perspectiva Sistêmica**, São Paulo, v. 29, n. 67, p. 56-69, 2020.

[54] BERNARDI; DANTAS; FÉRES-CARNEIRO, 2020.

[55] EMÍDIO; GIGEK, 2019.

Essas escolhas também são influenciadas por avanços tecnológicos na reprodução e nos direitos sociais estabelecidos por estatutos de categorias, como das mulheres e dos homossexuais, que liberaram o desejo de ter um filho das relações com o sexo oposto e das limitações da natureza, o que resulta na dissociação entre a identificação sexual e as funções de pai e mãe[56]. O descolamento entre reprodução e sexualidade é marcado como símbolo da transformação dos projetos parentais graças à junção de fatores como a criação de diversos métodos contraceptivos, em especial, a pílula anticoncepcional.

Diante desse cenário, mais dois fatores podem ser considerados: o aumento do tempo dedicado aos estudos, atualmente essencial para conquistar uma posição mais sólida no mercado de trabalho, e a demora dos jovens em alcançar estabilidade profissional devido à crescente competitividade no ambiente de trabalho[57]. Outro elemento que deve ser considerado é a postergação da decisão de ter filhos graças aos avanços das técnicas de reprodução assistida, uma vez que essas tecnologias possibilitam que casais tenham filhos em idades mais avançadas.

Além de tudo que já foi pontuado, pode-se incluir o anseio em ter as finanças organizadas e estar com a situação econômica favorável antes de incluir uma criança na dinâmica da relação a dois. Somam-se à lista a ausência de uma rede de apoio que compartilhe dos cuidados com as crianças e a crescente diminuição de tempo e disponibilidade dos casais com a inserção de ambos no mercado de trabalho. Outro fator é referente ao grau de comprometimento dos sujeitos com diferentes empreendimentos, sejam eles de ordem profissional ou pessoal[58]. Mulheres com mais probabilidade de adiar a maternidade são solteiras, brancas, moradoras de áreas urbanas, metropolitanas e na região Sudeste do país[59].

---

[56] BERNARDI; FÉRES-CARNEIRO; MAGALHÃES, 2018.
[57] Idem.
[58] BERNARDI; FÉRES-CARNEIRO; MAGALHÃES, 2018.
[59] CUNHA; ROSA; VASCONCELOS, 2022.

Embora o adiamento da maternidade traga benefícios às mulheres, como melhores oportunidades de desenvolvimento profissional e redução das disparidades salariais em relação aos homens, estudiosos apresentam um contraponto marcado pelo impacto dos padrões e das taxas de natalidade[60]. A busca por soluções que conciliem os crescentes interesses mercadológicos das mulheres com a maternidade tornou-se um desafio relevante em vários países, como o Japão, a Itália e os países escandinavos, que estão em alerta com as implicações financeiras, previdenciárias e sociais decorrentes do declínio populacional. Diante de tais evidências, associadas à acelerada queda na taxa de fecundidade no Brasil, torna-se urgente incluir essa temática na agenda da sociedade brasileira e do seu governo.

O anseio pela parentalidade é permeado por elementos conscientes e inconscientes[61]. Surgem, nesse contexto, desafios decorrentes da conciliação das diversas responsabilidades do indivíduo moderno, abrangendo os âmbitos conjugal, parental, pessoal e, principalmente, profissional. Ademais, nos dias atuais, alguns indivíduos ainda vivem um dilema entre ter filhos dentro do tempo biológico considerado "adequado" ou investir na progressão de suas carreiras. Esse impasse implica a chance de postergar o projeto de parentalidade.

Apesar das transformações sociais ocorridas nas últimas décadas, a ausência de filhos em um casal ainda é percebida culturalmente como uma indicação de que os cônjuges não atingiram a completude na relação. Além de todos os fatores já relatados, a religiosidade se apresenta como o elemento com ampla capacidade de prever a motivação para a parentalidade positiva[62]. A religião desempenha um papel significativo na tomada de decisão reprodutiva, tanto em termos de motivações iniciais, quanto no planejamento posterior. Isso ocorre porque a religião está intrin-

---

[60] *Idem.*
[61] BERNARDI; MELLO; CARNEIRO, 2019.
[62] VARAS; BORSA, 2021.

secamente ligada a um sistema de valores que enfatiza fortemente a importância da família.

Em contrapartida, a concepção de ter filhos já não é mais incontestavelmente considerada uma fonte de plenitude, como foi difundido socialmente por um longo período. Pelo contrário, atualmente, parece representar uma carga excessiva e exaustiva. Muitos casais estão cada vez mais inclinados a vivenciar outras experiências que podem ser igualmente enriquecedoras em comparação à maternidade/paternidade[63].

Como um convite a repensar os novos rearranjos nas estruturas familiares, consta a presença de animais de estimação como um elemento que influencia o adiamento do plano parental. Uma pesquisa acerca da motivação de casais que escolheram não ter filhos demonstra que animais de estimação, dentro do contexto atual das famílias multiespécie, compostas por humanos e animais, têm se tornado mais numerosos[64]. Os casais consideram seus animais de estimação como integrantes da família, e alguns chegam a tratá-los como filhos, embora reconheçam a diferença entre ter um animal de estimação e ter um filho humano. A partir de um significado figurativo de parentalidade, seria como se uma parte do anseio de ter filhos fosse transferida para a relação estabelecida com os animais de estimação[65].

A discussão sobre o momento e as motivações em ter filhos, no passado, muitas vezes não ocorria; era um assunto pouco abordado entre os envolvidos e seus respectivos parceiros após o casamento. Parece existir um entendimento implícito de que ambos direcionarão seus esforços para outros projetos, sejam eles de natureza pessoal ou profissional, e somente após a realização dessas metas é que considerarão o plano da parentalidade. No entanto, é importante ressaltar que a comunicação humana ocorre por meio

---

[63] BERNARDI; MELLO; CARNEIRO, 2019.
[64] AGUIAR; ALVES, 2021.
[65] BERNARDI; FÉRES-CARNEIRO; MAGALHÃES, 2018.

de formas linguísticas verbais e não verbais, sendo que essas últimas frequentemente estão atreladas a processos inconscientes[66].

Pesquisadores desenvolveram um estudo com objetivo de elaborar instrumento para avaliar o desejo de ter filhos, e um dos achados foi que existe uma relação direta entre o nível de desejo de ter filhos e a quantidade de filhos que se planeja ter ao longo da vida. Quanto maior o desejo, maior é a intensidade do anseio por ser pai ou mãe, e menor é a disposição para esperar o início da parentalidade. Adicionalmente, os participantes foram expostos a imagens de crianças de diversas faixas etárias e solicitados a avaliar o quanto cada criança despertava neles a percepção de necessidade de cuidados. Observou-se uma propensão consistente: quanto mais intenso o desejo de ter filhos, maior foi a vontade das pessoas em cuidar de recém-nascidos, assim como de filhos de 1, 3 e 6 anos de idade. A pesquisa revela também que o anseio de ter filhos aumenta de forma progressiva desde o início da vida adulta até atingir seu pico por volta dos 30 anos, a partir de quando começa a declinar[67].

A sociedade contemporânea reflete uma transformação em relação ao reconhecimento social e legal das diversas concepções familiares, assim como uma reavaliação dos conceitos de maternidade, de paternidade e das relações de gênero[68]. Anteriormente, a família era concebida exclusivamente por meio de uma lente tradicional, baseada na heteronormatividade. No entanto, o contexto atual é composto por várias formas de constituição familiar, incluindo as monoparentais, homoafetivas, reconstruídas, entre outras já citadas neste livro. Contudo, a presença da premissa da carreira profissional como motivo para a não maternidade, predominantemente entre as mulheres, e a ausência desse argumento entre os homens pode ter ligação com os estereótipos de gênero que ainda persistem na sociedade. Nesses estereótipos, espera-se

---

[66] Idem.
[67] NATIVIDADE, Jean Carlos et al. Desire to have children: validity evidence of an instrument. **Psicologia Clínica**, [s. l.], v. 32, n. 2, p. 273-294, 2020.
[68] COELHO; DE SOUZA; DA SILVA, 2020.

que as mães assumam a maior parte da responsabilidade nos cuidados dos filhos e sejam cobradas socialmente para priorizar esse papel em suas vidas. Talvez por isso somente as mulheres tenham mencionado a responsabilidade pela criação dos filhos como motivo para não desejarem ser mães[69].

Esses resultados apontam para a significativa influência da maternidade nas trajetórias profissionais das cientistas, uma dinâmica que não se limita à academia, mas é observada de maneira mais ampla nos ambientes de trabalho. Pesquisas anteriores sugeriram que a maternidade tende a penalizar as mulheres, enquanto a paternidade não acarreta as mesmas consequências na carreira dos homens[70], que não enfrentam essas mesmas cobranças em relação à paternidade; e, como resultado das desigualdades de gênero, a repercussão na carreira dos pais é percebida como menos significativa do que na das mães[71].

A constatação de que a decisão de não ter filhos é predominantemente tomada por mulheres insinua uma subversão dos estereótipos de gênero feminino. No entanto, é importante ressaltar que, quando homens optam por não ter filhos, eles não enfrentam a mesma pressão social do que quando mulheres fazem essa escolha. Relatos revelam uma tendência em que as cobranças são mais frequentes por parte dos familiares das mulheres[72].

A liberdade e a satisfação conjugal têm-se tornado fatores de considerável importância no contexto das relações matrimoniais, e isso inclui as mulheres. Com as mudanças significativas nos papéis de gênero e nas expectativas sociais, permitindo-lhes buscar autonomia, realização pessoal e satisfação nas relações amorosas, a liberdade de escolha, inclusive a de não ter filhos, e a busca pela felicidade no âmbito conjugal têm ganhado destaque, elas estão cada vez mais conscientes de suas necessidades e de

---

[69] *Idem.*
[70] CARPES *et al.*, 2022.
[71] COELHO; DE SOUZA; DA SILVA, 2020.
[72] *Idem.*
CARPES *et al.*, 2022.

seus desejos, bem como de seu direito de serem protagonistas em suas próprias vidas e seus relacionamentos[73].

A chegada de uma criança está associada à perda de autonomia e liberdade dos cônjuges, os quais, nos tempos atuais, almejam outras realizações, tanto pessoais quanto profissionais, que aparentam desvincular-se da parentalidade. Verifica-se que a possibilidade de decidir entre ter filhos ou não provoca sentimentos ambivalentes nos integrantes do casal, que, embora expressem o anseio pela parentalidade, também levam em conta as exigências associadas à criação dos filhos[74].

O individualismo, característico da sociedade contemporânea, tem alterado os padrões de relacionamento. As rápidas e intensas transformações sociais têm permitido o surgimento de relações mais efêmeras, baseadas na busca por momentos prazerosos e na necessidade de gratificação instantânea. Com a vinda de um bebê, os cônjuges direcionam seus recursos financeiros para o cuidado e o bem-estar da criança, muitas vezes gerando insatisfação na dinâmica conjugal. Nota-se que a inclusão dos filhos na relação pode contribuir de forma negativa para a comodidade do casal, uma vez que eles precisam abdicar de tempo e contato social, que antes eram destinados à relação a dois[75]. Por outro lado, casais sem filhos parecem ter mais disponibilidade para vivenciar a relação conjugal, o que pode aumentar a satisfação nesse aspecto.

Análise e abordagem teórica

O tema da maternidade, paternidade e as decisões relacionadas à parentalidade têm sido abordados predominantemente sob uma perspectiva qualitativa, com um número limitado de estudos quantitativos. Dos 12 artigos revisados para a construção desta obra, nove adotaram metodologia qualitativa, enquanto apenas três optaram por métodos quantitativos. Isso sugere que,

---

[73] BERNARDI; DANTAS; FÉRES-CARNEIRO, 2020.
[74] BERNARDI; FÉRES-CARNEIRO; MAGALHÃES, 2018.
[75] BERNARDI; DANTAS; FÉRES-CARNEIRO, 2020.

embora haja interesse no tema, a pesquisa ainda não explorou com amplitude aspectos quantificáveis dessa temática. Considerando que, de acordo com critérios e avaliações acadêmicas, os periódicos em que os artigos foram publicados apresentam alta qualificação e classificação, entende-se que, apesar da quantidade limitada, a qualidade das pesquisas sobre o tema é reconhecida pela comunidade acadêmica.

Ao observar o panorama dos estudos nos últimos cinco anos, constatou-se que não houve um aumento significativo no número de publicações acadêmicas, indicando uma lacuna em termos de investigação em larga escala sobre o tema. A predominância de estudos qualitativos, muitos deles com grupos pequenos e segmentados, principalmente femininos, destaca a necessidade de uma abordagem mais abrangente e diversificada para compreender as complexidades associadas à maternidade na contemporaneidade.

Essa ótica delineou uma miríade de perspectivas, desde as influências culturais e sociais sobre a concepção da maternidade até as mudanças nos papéis de gênero e as implicações na carreira. O adiamento da maternidade foi discutido em relação a fatores como avanço tecnológico, estabilidade financeira, dedicação aos estudos e profissão, entre outros. O impacto desigual nas carreiras de homens e mulheres quando se trata de responsabilidades parentais evidencia desafios persistentes ligados aos estereótipos de gênero. Essa avaliação de estudos também destacou a emergência de novos arranjos familiares, incluindo casais que optam por não ter filhos e, em alguns casos, substituem esse desejo por relacionamentos próximos com animais de estimação[76]. Isso sugere uma ampliação nas concepções de parentalidade e família na sociedade contemporânea.

---

[76] AGUIAR; ALVES, 2021.

CAPÍTULO 4

DESVENDANDO A PERCEPÇÃO DA NÃO PARENTALIDADE

Este livro apresenta uma pesquisa que explora as escolhas de vida na contemporaneidade, com foco na decisão de não ter filhos. Para isso, foram entrevistados seis participantes residentes na região do estado do Rio de Janeiro. Com idades entre 32 e 50 anos, o grupo é composto por homens e mulheres com diferentes orientações sexuais: três heterossexuais, dois pansexuais e um homossexual.

Os participantes moram em cidades como Rio de Janeiro, Teresópolis e Petrópolis e possuem diferentes estados civis: uma pessoa casada, uma em união estável e quatro solteiras. Suas formações acadêmicas vão desde a graduação até a pós-graduação, em diversas áreas, e suas ocupações são igualmente variadas, abrangendo setores como serviço público, assessoria de imprensa, psicologia, arte, arquitetura e recursos humanos. A renda mensal dos participantes também apresenta uma ampla variação, de R$ 4.000,00 a R$ 40.000,00. Quanto à religião, a umbanda é praticada por duas mulheres e dois homens, enquanto uma mulher e um homem não seguem nenhuma religião.

As entrevistas foram avaliadas e categorizadas conforme os assuntos predominantes, para depois ser feita a análise teórica envolvendo as reflexões e respostas dos entrevistados. As categorias são: A) decisão de não ter filhos; B) percepção de apoio; e C) influências na tomada de decisão. Por meio dessa organização, buscou-se proporcionar um entendimento contextualizado das escolhas de vida dos participantes, contribuindo para o avanço do entendimento sobre as dinâmicas contemporâneas relacionadas à parentalidade.

Quadro 1 – Dados sociodemográficos dos entrevistados

Partici-pantes	Idade	Gênero	Identidade racial	Orientação sexual	Cidade	Estado civil	Nível educacional	Ocupação	Renda mensal	Religião
P1	43	Feminino	Branca	Heterossexual	Rio de Janeiro	Casada há 18 anos	Pós-graduada	Servidora pública	R$ 10.000,00	Não
P2	43	Feminino	Negra	Heterossexual	Teresópolis	Solteira	Graduada	Assessora de imprensa	R$ 8.000,00	Umbanda
P3	32	Feminino	Branca	Pansexual	Petrópolis	Solteira	Mestre	Psicóloga	R$ 6.000,00	Umbanda
P4	50	Masculino	Branco	Heterossexual	Rio de Janeiro	União estável há 11 anos	Graduado	Artista iluminador	R$ 4.000,00	Umbanda
P5	32	Masculino	Branco	Pansexual	Petrópolis	Solteiro	Graduado	Arquiteto	R$ 8.000,00	Umbanda
P6	38	Masculino	Pardo	Homossexual	Rio de Janeiro	Solteiro	Pós-graduado	Diretor de RH	R$ 40.000,00	Não

Fonte: a autora

Decisão de não ter filhos

A primeira categoria visa a aprofundar a compreensão das nuances que cercam a decisão de não ter descendência e concentra-se nas narrativas sobre os fatores individuais e emocionais dos participantes que optaram por não ingressar na parentalidade. Entre os seis entrevistados, a ausência de desejo foi citada como motivo preponderante. Entretanto, três (P1; P5; P6) nunca desejaram ter filhos, diferentemente de três (P2; P3; P4), que já desejaram, porém, após vivenciarem o adiamento da maternidade/paternidade, principalmente após atingirem mais de 40 anos, desistiram desse intento.

Entre os dois participantes que estão em um relacionamento, uma (P1) discutiu a questão com o marido, e a decisão de não ter filhos foi alcançada por consenso, e o outro (P4), com sua esposa, tentou por um período engravidar, contudo, cessaram as tentativas após não obterem sucesso na concepção.

Hoje com 32 anos, P3 avalia que a maternidade pode atrapalhá-la e acrescenta: *"Depois eu fui vendo que a idade também não ajuda muito, porque eu já não tenho mais paciência para ter filho, para dar uma atenção devida, acordar de madrugada"*. O posicionamento adotado por P3 está em conformidade com pesquisa que aborda o adiamento da maternidade, uma prática comum entre mulheres que buscam progresso em suas carreiras. Destaca-se a ideia de que os anos mais propícios para consolidar a vida profissional da mulher inserida no mercado de trabalho coincidem com o auge de sua capacidade biológica reprodutiva[77].

> Alguns projetos de maternidade são abandonados por conta de um adiamento de longo prazo, segundo o qual, quando a carreira se consolida e o desejo de ser mãe passa a ser levantado, esses projetos não coincidem mais com o tempo biológico da mulher e ela não pode mais ter filhos, por

---

[77] EMÍGIO; GIGEK, 2019.

conta da menopausa ou mesmo de dificuldades para engravidar, por conta da idade[78].

Constata-se que aspectos subjetivos e pessoais têm influência sobre o processo decisório em relação à parentalidade entre os respondentes e que a decisão pode estar atrelada ao contexto e momento de vida, conforme ocorreu com três entrevistados (P2; P3; P4).

> *Eu achava que em algum momento eu ia casar, ia ter um filho, ia morar em uma casinha e é isso. [...] criei um pouco de senso crítico para poder refletir, escolher, eu percebi que eu não queria e eu podia não querer"* (P3).

Ao contrário dos participantes que nunca expressaram o desejo de ter filhos, P3 já desejou, mas percebeu que sua vontade estava baseada na crença de que ter filhos era uma obrigação para alcançar uma existência plena e feliz. Essa crença foi cultivada durante o período em que ela praticava a religião católica.

O processo decisório do participante P4 transcorreu sem que ele e sua companheira realizassem uma discussão definitiva sobre não ter filhos. Após alguns anos de tentativas de engravidar sem sucesso, o casal deixou de tentar: "*[...] para ser mais exato, há uns nove anos a gente meio que jogou na loteria, vamos ver, se rolar, rolou, se não rolar, está ótimo. E aí não rolou*" (P4). Neste caso, fica evidente que a não parentalidade não foi claramente delineada. A falta de uma decisão formal ou consciente desde o início reflete a ausência de planejamento sobre a não parentalidade, que foi sendo incorporada de maneira implícita ao longo do tempo.

Essa é uma tendência exposta por pesquisadores, que indicam que a comunicação entre indivíduos se manifesta por meio de formas linguísticas verbais e não verbais, sendo estas últimas geralmente associadas a processos inconscientes[79]. Em conformidade com o exposto, P4 relatou que, a partir de tentativas não concretizadas de uma gestação, ficou subentendido que ele e

---

[78] EMÍGIO; GIGEK, 2019, p. 188.
[79] BERNARDI; FÉRES-CARNEIRO; MAGALHÃES, 2018.

sua companheira preferem o estilo de vida que possuem e que, mediante observação de experiências de amigos que têm filhos, não gostariam de estar em determinadas posições impostas pela paternidade/maternidade.

A falta de desejo de ter filhos soma-se a outros fatores. P1 salienta a impossibilidade de desistir da maternidade, que representa um compromisso para toda a vida: *"Nunca me encantou, nunca foi algo que me pareceu ser especial ou que me faria muito feliz. Tem um medo contrário, que é o medo do fator surpresa, de a coisa poder ser tão ruim e você não poder desistir"*. Ainda segundo P1, *"São caminhos que a vida está te dando. Algumas coisas você refaz, outras você não refaz"*.

O mesmo critério de impossibilidade de voltar atrás após ter um filho também é mencionado por P2: *"Cansou, fica, amor, perde noite de sono, com cólica, com dor, com tudo. Cansou, fica. É muito doido. Não"*. Essa liberdade de escolha também é abordada em outras pesquisas, ao se mencionar a possibilidade de ter a opção de decidir sobre a parentalidade[80].

De maneira semelhante, todos os participantes destacam a ausência de desejo em ter filhos. P3 aponta a preocupação com o incômodo em relação à gravidez: *"Não tenho a menor vontade, apesar de ter muito jeito, de ter muito cuidado, gosto muito de criança, mas não tenho vontade de gerar uma criança. Tenho zero vontade de engravidar. Para mim é um incômodo muito grande"*. P5 enfatiza a falta de desejo, afirmando que incluir outra pessoa em suas decisões não se alinha à sua visão de vida, caracterizada como individualista, enquanto P6 concorda que ter filhos não corresponde aos seus objetivos e expectativas e compreende que não necessita ser pai para alcançar uma vida plena.

> *Vamos entrar na ordem do desejo. Não é um desejo, então [...]. A principal razão entra na ordem do desejo, eu não tenho vontade. Eu tenho a opção de não ter filhos. Eu tenho a opção de ter e de não ter, então não é algo imposto para mim, apesar de ser imposto pela*

---

[80] BERNARDI; DANTAS; FÉRES-CARNEIRO, 2020.

> *sociedade, eu já entendi que eu não preciso ter um filho para me sentir completo* (P6).

O participante P6 avalia que ter filhos representa uma cobrança social, o que ainda é visto como uma premissa para uma vida plena e realizada: "Na sociedade contemporânea, a parentalidade parece ser considerada fundamental para que uma pessoa tenha uma vida significativa e satisfatória"[81]; um caminho que aponta para a percepção de realização em outros aspectos da vida, relato observado em todos os participantes deste estudo.

A decisão de não ter filhos parece ter sido direcionada preponderantemente pela ausência de desejo. Decidir sobre a parentalidade, segundo os participantes deste estudo, não foi uma escolha difícil, conforme observado em diversas falas.

> *O assunto fica muito complexo, mas na verdade ele é muito simples. É um sim ou não, é você querer ter o cabelo curto ou não, é você querer ter um emprego fixo ou ser freelancer, sabe? São caminhos que a vida está te dando. O tempo todo a vida dá e a gente escolhe o curso que vai fazer, a universidade, o emprego que vai ter [...]. Eu não quero. Eu não sou obrigada a me explicar* (P1).

De modo semelhante, o participante P6 ressaltou que a ausência de desejo é o que o moveu na direção da não paternidade durante toda a sua vida, e isso, com o passar dos anos, se consolidou: "*Não acho que cabe no meu estilo de vida, não é um desejo que eu tenho [...], eu não quero ter responsabilidade, ser responsável pela criação, educação e manutenção de um outro*".

Embora tenha sido notada uma tendência de decisão descomplicada em relação à escolha de não ter filhos pelos seis participantes, é crucial destacar que a amostra deste estudo não pode ser generalizada. Em diferentes grupos, os processos decisórios podem ocorrer de maneira variada, influenciados por contextos que refletem a realidade específica dos participantes.

---

[81] BERNARDI; DANTAS; FÉRES-CARNEIRO, 2020, p. 4.

Percepção de apoio

A categoria dedicada à percepção de apoio emerge como um espaço para explorar o impacto dos contextos sociais e relacionamentos interpessoais na decisão de não ter filhos. Nesse cenário, foram analisadas as percepções dos participantes sobre o apoio ou da falta dele provenientes de familiares, amigos e parceiros em relação à escolha consciente de não seguir a trajetória da parentalidade.

As três mulheres (P1; P2; P3) indicaram a ausência de apoio por parte de seus familiares, e, em contrapartida, todos os homens (P4; P5; P6) afirmaram ter recebido apoio familiar em relação a essa mesma decisão. Na esfera da percepção de apoio oriundo dos amigos, observa-se que todos os participantes reportaram sentir-se respaldados. Uma das participantes do gênero feminino (P3) e um do gênero masculino (P5) alegaram não ter recebido apoio na decisão de não terem filhos por parte de parceiros em relacionamentos anteriores.

Quadro 2 – Apoio na decisão de não ter filhos

	Familiares	Amigos	Parceiro(a)
Mulheres	P1 – Não	P1 – Sim	P1 – Sim
	P2 – Não	P2 – Sim	P2 – Não tem parceiro
	P3 – Não	P3 – Sim	P3 – Não tem parceiro
Homens	P4 – Sim	P4 – Sim	P4 – Sim
	P5 – Sim	P5 – Sim	P5 – Não tem parceiro
	P6 – Sim	P6 – Sim	P6 – Não tem parceiro

Fonte: a autora

Conforme expresso por P1, a dinâmica com familiares é ambígua. A relação com o parceiro é apresentada como positiva, sendo mencionado que a decisão de não ter filhos nunca foi um problema, entretanto um ponto de tensão é evidenciado na interação com sua mãe:

> *Minha mãe toda vez fala: "sua vida nunca vai ser completa". Aí eu respondo: "aham". Porque minha vontade é de falar: "nem a sua nunca foi". Mas eu não vou, nesta altura da vida, colocar ela nessa complicação, né? Tudo bem, estou pronta para não ser completa* (P1).

Da mesma forma, P3 compartilha experiências de ter enfrentado ao longo da vida a falta de apoio, principalmente de sua mãe e do seu pai biológico:

> *Familiares eu tive que brigar um pouquinho nesse sentido porque era uma decisão muito difícil para algumas pessoas da minha família entenderem. Minha mãe demorou a entender um pouco. Hoje ela aceita bem melhor. O meu pai biológico não aceita, ele acha que não tem como passar nessa vida sem ter pelo menos um filho* (P3).

P2 reflete sobre a evolução das expectativas e pressões sociais ao longo de sua jornada e observa que sua família não só não a apoiou, como fez cobranças acerca da maternidade. A participante aborda a pressão social que enfrentou anteriormente, especialmente em torno dos 30 anos, quando as expectativas sobre a formação familiar eram mais proeminentes. Ela descreve as cobranças que recebia sobre a necessidade de ter um marido e um filho, destacando a rigidez das normas sociais associadas à feminilidade e à maternidade. Entretanto, a participante destaca que hoje, com 44 anos, não percebe essa cobrança de forma acentuada:

> *"Ah, mas como assim, você não vai querer formar uma família? Ter um marido e um filho? Você não tem vontade de ser mãe? Ah, tem certeza?". As pessoas ficam nessa cobrança, né, ainda mais as pessoas mais velhas. A mulher tem que ser mãe, a mulher tem que formar uma família* (P2).

No âmbito da amizade, a percepção de apoio é unânime, com destaque para uma dinâmica apontada por P1 em relação a uma propensão para estabelecer relações mais próximas com pessoas que compartilham da escolha de não ter filhos. *"Por amigos, acaba que a gente que não tem filho acaba ficando muito amigo de outras pessoas que não têm filhos porque elas têm uma disponibilidade, um tempo, um horário diferente de quem tem filho"*.

No contexto das relações amorosas, P3 revela ter tido um parceiro que, no início do relacionamento, aparentava apoiar sua decisão de não ter filhos, mas, com o tempo, alterou suas narrativas sobre a paternidade e retirou seu apoio, apesar de ela ter expressado claramente que não queria ser mãe desde o começo do namoro. *"Tinha muito isso de: 'ah, não, a gente vai casar, a gente vai ter um filho, a gente vai querer ter filho'"* (P3). Essa dinâmica também foi vivenciada pelo participante P5, e isso ilustra como as expectativas e os desejos de um parceiro podem tornar-se um ponto de tensão, mesmo diante da firmeza na decisão individual de não ter filhos.

Os participantes P5 e P6, que se identificam como pansexual e homossexual, respectivamente, expressam a crença de que a compreensão da decisão de não ter filhos foi facilitada em razão de sua orientação sexual. Essa percepção sugere uma dinâmica específica relacionada à orientação sexual dos entrevistados, influenciando positivamente a aceitação de sua escolha reprodutiva.

> *Como eu não tenho pressão social para ter um filho, facilita muito para mim, diferente de mulher, que acaba engravidando. Eu, pela minha orientação sexual, e pelo meu gênero, me facilita muito também, né? Eu acho que filho acaba entrando dentro de uma sociedade heteronormativa, né? Ele acaba entrando muitas vezes na falha, então as pessoas acabam falhando nos métodos contraceptivos e acabam tendo filho* (P6).

A relevância dessa categoria reside na compreensão dos fatores externos que moldam as decisões individuais e na percepção dos entrevistados sobre como esses elementos influenciam, positiva ou negativamente, sua tomada de decisão, tal qual as influências envolvidas nos processos decisórios.

Influências na tomada de decisão

Esta categoria visa a investigar os elementos que desempenharam um papel crucial na configuração dos processos decisórios relacionados à maternidade/paternidade dos entrevistados para a realização desta obra. Foram examinados fatores que exercem influência, tais como normas sociais, questões de gênero e considerações financeiras que moldaram as decisões individuais.

Dentre os seis entrevistados, há um consenso de que a perda de liberdade e autonomia desempenham um papel significativo na decisão de não ter filhos, associada à indisposição em substituir o atual estilo de vida por uma rotina que envolva cuidados parentais. Apenas um entrevistado (P5) não fez menção aos fatores financeiros como influência em sua decisão de não ter filhos, e somente um homem (P4) não destacou a ênfase na carreira como fator preponderante. Além disso, a influência da idade foi mencionada por P2 e P4, enquanto duas entrevistadas (P2; P3) consideram estar em um relacionamento um critério relevante.

As narrativas fornecidas por P1, P2 e P3 instigam uma reflexão acerca da interligação entre a identidade feminina e a maternidade[82]. As três participantes evidenciam uma dicotomia entre esses papéis, delineando uma concepção em que ser mulher envolve independência, autonomia, autocuidado e uma concepção específica de feminilidade. Contrariamente, a condição de ser mãe surge como oposta a esses aspectos, sendo percebida como uma restrição à liberdade, à autonomia e à plenitude da experiência feminina.

Desse modo, a discussão sobre a perda de liberdade e autonomia emergiu de forma unânime entre os seis participantes, destacando-se como o componente mais influente no processo decisório. Essa constatação reafirma que a renúncia à liberdade e as transformações na rotina são aspectos importantes nesse contexto[83]. Sobre a perda de liberdade e autonomia, P1 comenta:

---

[82] EMÍDIO; GIGEK, 2019.
[83] BERNARDI; DANTAS; FÉRES-CARNEIRO, 2020.

> Eu fui na ginecologista e ela falou: "Olha, a hora é agora. Eu sei que você não quer, estou com você há muito tempo, mas é minha obrigação te informar que, assim, se você quiser, a hora é agora. A cada ano que passar vai estar mais difícil. O seu corpo está pronto, a gente está vendo pelos exames que está tudo pronto, então pensa". Eu falei para ela que eu nem preciso pensar, e ela falou que eu preciso, sim. "Quando você sair daqui, você pensa". E aí eu saí, no elevador eu pensei que eu não queria. Eu sentei para tomar um café e pensei que é exatamente isso que eu quero, sentar para tomar um café em paz. Acabou o assunto, acabou a discussão. Não quero pensar que eu não posso parar para tomar um café porque eu vou ter que pegar uma criança. Então durou o tempo de uma descida de elevador e um pedido de um café (P1).

Todos os respondentes compartilham a decisão de não abrir mão do atual estilo de vida para assumirem a responsabilidade de cuidar de outra pessoa. P3 destaca dois fatores relevantes em seu processo decisório:

> A questão financeira me incomoda, mas o que me incomoda mais talvez seja não poder fazer aquilo que eu quero. Gestar uma criança tem uma prioridade que eu não quero ter, se não for da minha vontade, sabe? Sei lá, tem uma gravidez de risco, tenho que ficar em cima de uma cama esperando; eu não quero, não quero ter que me render a isso por conta de uma gravidez, por conta dessa escolha (P3).

Assim como a perspectiva compartilhada por P2 sobre o desejo de não abrir mão da sua rotina, P6 expressa uma perspectiva pragmática em relação à sua decisão, enfatizando que essa escolha está intrinsecamente ligada ao seu estilo de vida e às responsabilidades associadas à paternidade. "Eu acho que realmente é o estilo de vida. Filho prende muito. Eu acho que é muita responsabilidade. Não tenho desejo, eu não tenho vontade de ser, eu não quero ser responsável pela criação de uma outra pessoa" (P6).

Essas narrativas convergentes destacam a importância do estilo de vida atual como um fator determinante na tomada de decisão sobre a parentalidade.

> *Ter um horário certo para comer, ter um horário certo para tomar banho, que não é uma coisa que está na minha rotina, me faz tirar muito do eixo, principalmente quando estou com eles* [sobrinhos]. *Ter a hora para isso, para aquilo, ter que dormir tal hora, eu tenho que acordar a hora que eles acordam, tenho que dormir a hora que eles dormem. Então são essas questões, eu acho, do cotidiano que me fazem reafirmar isso* (P5).

Diante de tudo que foi discutido até agora, é oportuno mencionar o pensamento de Zygmunt Bauman[84] sobre a pós-modernidade, que se manifesta na trama das decisões individuais, em que a fluidez de identidades, a desconstrução de metanarrativas e a valorização da escolha pessoal convergem para forjar caminhos inexplorados na recusa deliberada de seguir normas, um ato que transcende as fronteiras das tradições e desafia as narrativas convencionais da parentalidade.

> [...] se endereça a indivíduos que escolhem livremente e têm por objetivo aperfeiçoar e reforçar sua liberdade de escolha. Seu objetivo imediato é reabrir o caso supostamente fechado da explicação e promover a compreensão. A autoformação e a autoafirmação dos homens e mulheres individuais, condição preliminar de sua capacidade de decidir se querem o tipo de vida que lhes foi apresentada como uma fatalidade, é que pode ganhar em vigor, eficácia e racionalidade como resultado do esclarecimento sociológico[85].

A ênfase na trajetória profissional destacou-se entre as três mulheres (P1; P2; P3) e dois homens (P5; P6). Percebe-se que o aspecto profissional é um componente central nas decisões de

---

[84] BAUMAN, Zygmunt. **Modernidade Líquida**. Rio de Janeiro: Jorge Zahar, 2001.
[85] BAUMAN, 2001, p. 220.

não ter filhos. *"[...] da minha vida profissional ser muito presente, muito importante para mim, porque se eu não trabalhar, eu não pago as minhas contas, né? Eu sou empreendedora e eu tenho que ir para a luta"* (P2). Essa perspectiva destaca a relevância do atual estilo de vida e o desinteresse em assumir as responsabilidades associadas à maternidade/paternidade.

É importante notar que o peso do cuidado com os filhos e as pressões para equilibrar as responsabilidades do trabalho doméstico e remunerado podem desmotivar mulheres que estão considerando a maternidade[86]. Essa análise evidencia como fatores práticos impactam a decisão de ter filhos, destacando a necessidade de levar esses aspectos em conta ao examinar os processos decisórios relacionados à parentalidade.

Da mesma forma, P6 compartilha da opinião de que a vida profissional é fundamental, impactando suas escolhas em relação à não paternidade: *"Então, eu gosto de ter uma vida social, eu trabalho viajando, então na área profissional também não teria muito match"*. A análise dessa temática proporciona uma compreensão mais detalhada sobre como a dedicação à carreira influencia a escolha consciente de não ser pai ou mãe.

O aspecto financeiro foi indicado pelas três mulheres (P1; P2; P3) e por dois homens (P4; P6) como determinante na decisão consciente de não ter filhos. Os entrevistados articulam suas preocupações financeiras de maneiras distintas. P1, por exemplo, destaca a consideração financeira como um fator preponderante em sua decisão, afirmando que perderia dinheiro, uma vez que percebe a criança como um investimento considerável e dispendioso. Ela enfatiza que a criação de filhos implica despesas substanciais, associando diretamente a maternidade a um custo financeiro elevado.

A fala de P4 amplifica a relevância do aspecto financeiro ao abordar a saúde e a educação. Ele ressalta a necessidade de recursos financeiros para garantir serviços médicos adequados e acesso a uma educação de qualidade: *"A gente não tem saúde e educação, tudo*

---

[86] PEREIRA; TSALLIS, 2020.

que, para ter um serviço médio nessa área, que não é garantido, você necessariamente tem que ter muito dinheiro, pagar um bom colégio, colégio particular" (P4). A menção ao custo de um colégio particular destaca a percepção de que determinados padrões educacionais exigem investimentos financeiros substanciais, reforçando, assim, a influência do aspecto econômico na decisão de não ter filhos.

A influência da idade é mencionada por P2 e P4. Ambos marcam a relevância do fator etário na formulação de sua escolha. Essa consideração sugere uma percepção dinâmica da temporalidade, em que a idade é interpretada como um componente significativo na reflexão sobre a parentalidade. Assim como o estado civil, representado pelo fato de estar em um relacionamento, também é considerado um critério relevante por P2 e P3.

Na análise dos processos decisórios sobre não ter filhos, cabe abordar a influência da religião, em especial das concepções cristãs, que vinculam o casamento e a relação sexual à procriação e são contrárias a métodos contraceptivos. No entanto, a amostra desta pesquisa não inclui participantes cristãos, sendo composta por quatro praticantes da umbanda e dois ateus. Essa composição religiosa destaca a necessidade de reconhecer a diversidade de perspectivas religiosas na abordagem dessa temática, impedindo uma análise aprofundada das implicações que o cristianismo poderia ter na decisão de não ter filhos. Essa limitação marca a importância de futuras pesquisas que contemplem uma diversidade religiosa abrangente para a compreensão mais completa desses processos decisórios.

> *Quando era muito novinha, muito adolescente, eu era de outra religião, era católica, e aí eu achava que eu tinha que ter. Então não era uma escolha não ter. Eu achava que em algum momento eu ia casar, ia ter um filho, ia morar em uma casinha e é isso. A partir do momento que eu saí desse lugar, né, criei um pouco de senso crítico para poder refletir, escolher, eu percebi que eu não queria e eu podia não querer. Mas antes eu achava que eu tinha que querer* (P3).

Ao se distanciar do contexto religioso, P3 passou a questionar e reconsiderar suas preferências. Esse processo de reflexão resultou na compreensão de que a decisão de não ter filhos era uma escolha legítima e pessoal, desvinculada das imposições previamente percebidas. Esse relato ilustra a evolução do pensamento da participante em relação à maternidade, destacando a importância do questionamento crítico na formação das decisões reprodutivas.

A ESCOLHA PELA NÃO PARENTALIDADE: UM REFLEXO DOS TEMPOS MODERNOS

A decisão de não ter filhos, outrora vista como uma exceção marginalizada pela sociedade, tem ganhado cada vez mais visibilidade e aceitação nas últimas décadas. Essa escolha reflete as transformações sociais, culturais e econômicas que moldam a vida contemporânea. A busca por autonomia e liberdade é um dos principais motivadores da decisão de não ter filhos. A valorização do individualismo, característica marcante da sociedade contemporânea, impulsiona as pessoas a buscarem uma vida mais autônoma e alinhada com seus próprios desejos e projetos de vida.

Essa dinâmica revela uma interseção com a análise de pós-modernidade, que destaca a fluidez identitária e a valorização da escolha pessoal na recusa de normas convencionais da parentalidade[87]. Tal abordagem oferece uma lente interpretativa para compreendermos como a contemporaneidade, marcada pela busca por autonomia e pela desconstrução de padrões tradicionais, influencia a tomada de decisão em relação à parentalidade. A ênfase na construção e manutenção de uma identidade flexível e adaptável parece coexistir com a resistência a papéis predeterminados, especialmente quando se trata da responsabilidade parental.

O contexto neoliberal, com destaque no individualismo e na otimização do capital humano, amplifica essa tendência. A busca por sucesso profissional, estabilidade financeira e realização pessoal, muitas vezes, entra em conflito com as demandas da parentalidade, que envolvem investimentos de muitas ordens e a função de assumir a responsabilidade por outra vida. A incerteza econômica e a precarização do trabalho também contribuem para que as pessoas adiem ou desistam de ter filhos. Por um lado,

---

[87] BAUMAN, 2001.

observa-se o protagonismo da autonomia e liberdade de pessoas que se sentem no direito de fazer escolhas movidas pelo desejo.

Por outro, observa-se uma dificuldade atual em garantir a própria subsistência, não apenas em termos financeiros, mas também no gerenciamento do tempo, em um cenário com uma carga significativa, dificultando que as pessoas atendam às suas próprias necessidades básicas. Nesse sentido, a ideia de assumir a responsabilidade por outra vida, que demanda energia e dedicação, não parece ser atrativa.

A análise desse panorama suscita questionamentos sobre a influência do contexto sociopolítico na construção dos desejos individuais relacionados à parentalidade. Em um passado recente, talvez houvesse um imperativo social para ter filhos, um paradigma que está sendo desafiado. A satisfação pessoal parece não estar ligada ao cuidado e à realização pelo outro, ou ao coletivo, mas, sim, à busca pela maximização do próprio potencial. Além disso, a concepção de autonomia na atualidade pode ser interpretada de diversas maneiras. Assim como são celebradas a independência e a liberdade individual, nota-se uma tendência à falta de responsabilidade pelo bem-estar do outro.

Observa-se uma transformação no conceito de família, que atualmente inclui múltiplas configurações, além da tradicional estrutura cristã heteronormativa. No entanto, a instituição familiar, independentemente de sua forma, tem perdido espaço para a valorização do indivíduo e suas escolhas pessoais. No contexto atual, tempo e recursos são frequentemente direcionados para atividades que oferecem benefícios tangíveis, como dinheiro, status e avanço profissional, em detrimento do cuidado com o outro e do fortalecimento da instituição familiar.

Embora a aceitação da não parentalidade tenha crescido, as pressões sociais para ter filhos, especialmente sobre as mulheres, persistem. A expectativa de que elas sejam mães está enraizada na cultura e influencia suas decisões reprodutivas. Ao investigar as diferenças de gênero nos fatores que impactam essa escolha, esta obra revelou uma evidente distinção: todas as mulheres entrevistadas relataram falta de apoio familiar e pressão para terem filhos, enquanto nenhum homem compartilhou experiências semelhantes. Além disso, as mulheres enfrentam desafios que os homens não mencionaram ao considerar a paternidade, como a sobrecarga no trabalho, a redução de tempo para descanso e lazer, o aumento das responsabilidades domésticas e as dificuldades de conciliar a maternidade com a carreira. Esses fatores demonstram a preocupação feminina em equilibrar vida pessoal e profissional, refletindo a disparidade das dinâmicas de gênero nesse contexto.

A orientação sexual, especialmente para os dois homens não heterossexuais, emergiu como um fator que facilitou a compreensão da decisão de não ter filhos, evidenciando uma interseção entre identidade sexual e escolha reprodutiva. No entanto, é importante destacar que essa correlação não se apresentou da mesma maneira para a mulher não heterossexual entrevistada. Ainda assim, a pressão social em torno da família nuclear, tradicionalmente composta por um casal heterossexual e seus filhos, permanece forte, especialmente para as mulheres, o que pode gerar sentimento de culpa ou inadequação para aquelas que optam por não seguir esse modelo.

A mudança de postura em relação à parentalidade em uma relação foi uma questão que também surgiu durante as entrevistas. Dois participantes relataram que, no início de seus relacionamentos, tanto eles quanto seus parceiros concordavam com a decisão de não ter filhos. Mas, com o passar do tempo, um dos parceiros repensou esse desejo, o que colaborou para o fim da relação. Essa dinâmica revela como as pressões externas e mudanças pessoais podem influenciar as escolhas reprodutivas e a estabilidade dos relacionamentos.

O marcador social de raça merece destaque e espaço nesse debate. Mulheres negras, por exemplo, enfrentam desafios adicionais relacionados ao racismo e à desigualdade social, o que pode torná-las mais reticentes em relação à maternidade. Como uma mulher negra, P2 trouxe à tona pontos que não foram abordados pelos outros participantes, especialmente relacionados às questões raciais. Ela expressou seu temor em relação à maternidade, apontando para o constante perigo enfrentado por pessoas negras devido ao racismo sistêmico e ao crime de injúria racial. Suas reflexões demonstraram como o racismo estrutural impacta não apenas a experiência cotidiana, mas também as decisões reprodutivas, gerando um ambiente de insegurança e preocupação adicionais. Essa perspectiva destaca a interseção entre raça, gênero e parentalidade e sublinha a importância de considerar as diferentes experiências e realidades dos entrevistados ao explorar as escolhas reprodutivas.

Identifica-se uma lacuna que merece ser investigada: a dinâmica da família multiespécie[88]. Esse tema adiciona tal elemento à discussão. Todos os entrevistados, exceto uma mulher, desfrutam da companhia de animais de estimação em seu cotidiano, delineando, assim, a configuração de famílias multiespécie. Cabe observar que, apesar das diferenças entre cuidar de animais de estimação e ter filhos, ambos envolvem responsabilidades, sacrifícios e investimento, conforme destacado pelos entrevistados como fatores que os motivam a optar por não ter filhos. A preocupação com o meio ambiente e a superpopulação também influencia a decisão de não ter filhos. Para algumas pessoas, assim como para a metade dos entrevistados, a escolha de não ter filhos é uma forma de contribuir para um futuro mais sustentável.

O estudo utilizado neste livro reflete um recorte específico de um estrato da sociedade, o que limita a representatividade dos resultados. Portanto, suas conclusões não devem ser generalizadas para a população como um todo. Ele foi conduzido dentro de um contexto cultural e histórico particular, restringindo a aplicabilidade dos achados a outras sociedades ou realidades culturais. Além disso, a amostra foi composta por indivíduos de um nível socioeconômico mais elevado, com maior escolaridade, o que reforça a necessidade de realizar pesquisas adicionais com grupos

---

[88] AGUIAR; ALVES, 2021.

mais heterogêneos para uma compreensão mais abrangente das dinâmicas que influenciam a decisão de não ter filhos no Brasil.

Outro ponto que merece destaque é a ausência de entrevistados cristãos na amostra. Isso limita a exploração dos valores familiares tradicionais associados ao cristianismo, em especial no que se refere à doutrina que valoriza a procriação e, em muitos casos, desencoraja o uso de métodos contraceptivos. A influência cristã sobre a parentalidade é moldada por preceitos religiosos que rejeitam o uso de medicamentos e dispositivos anticoncepcionais, vistos como contrários ao plano divino de continuidade da espécie. A falta de representação de participantes com essa visão religiosa impede uma análise mais ampla de como esses valores podem impactar a escolha de não ter filhos, o que reforça a necessidade de incluir diferentes perspectivas religiosas em pesquisas futuras.

Compreender as motivações que levam à decisão de não ter filhos permite-nos desmistificar a não parentalidade e fomentar um debate mais informado e respeitoso sobre a diversidade de famílias e modos de vida. A não parentalidade é um fenômeno social em transformação constante. Ao explorar os fatores que influenciam essa escolha, avançamos na direção de uma sociedade mais inclusiva, capaz de valorizar e respeitar a pluralidade de opções e formas de viver.

Agradeço a todas as pessoas que participaram das entrevistas e compartilharam suas histórias e experiências de forma generosa.

REFERÊNCIAS

AGUIAR, Melanie de Souza de; ALVES, Cássia Ferrazza. A família multiespécie: um estudo sobre casais sem filhos e tutores de pets. **Pensando famílias**, [s. l.], v. 25, n. 2, p. 19-30, 2021.

ANDRADE, Flávio da Silva. A tomada da decisão judicial criminal à luz da psicologia: heurísticas e vieses cognitivos. **Revista Brasileira de Direito Processual Penal**, Porto Alegre, v. 5, n. 1, p. 507-540, 2019.

APA – AMERICAN PSYCHOLOGICAL ASSOCIATION. **Dicionário de Psicologia APA**. Tradução: Gary R. Vandenbos; Organização: Daniel Bueno; Maria Adriana Verissimo Veronese; Maria Cristina Monteiro. Porto Alegre: Artmed, 2010.

ARIÉS, Philippe. **História social da criança e da família**. 2. ed. Rio de Janeiro: Guanabara, 1978.

ASCOM – ASSESSORIA DE COMUNICAÇÃO; IBGE – INSTITUTO BRASILEIRO DE GEOGRAFIA E ESTATÍSTICA. **Síntese dos Indicadores Sociais do IBGE** – população que reside em domicílios compostos por casais sem filhos. Destinatário: Amanda Garcia. [S. l.], 2022. 1 e-mail.

BAUMAN, Zygmunt. **Modernidade Líquida**. Rio de Janeiro: Jorge Zahar, 2001.

BENATTI, Ana Paula *et al*. Famílias monoparentais: Uma revisão sistemática da literatura. **Psicologia:** Ciência e Profissão, Brasília, v. 41, n. spe3, p. e209634, 2021.

BERNARDI, Denise; DANTAS, Cristina Ribeiro; FÉRES-CARNEIRO, Terezinha. Satisfação Conjugal e Liberdade: Percepções de Sujeitos Casados acerca da Ausência de Filhos. **Gerais:** Revista Interinstitucional de Psicologia, Belo Horizonte, v. 13, n. 1, p. 1-15, 2020.

BERNARDI, Denise; FÉRES-CARNEIRO, Terezinha; MAGALHÃES, Andrea Seixas. Entre o desejo e a decisão: a escolha por ter filhos na atualidade. **Contextos clínicos**, [s. l.], v. 11, n. 2, p. 161-173, 2018.

BERNARDI, Denise; MELLO, Renata; CARNEIRO, Terezinha Féres. Ambivalências frente ao projeto parental: vicissitudes da conjugalidade contemporânea. **Revista da SPAGESP**, São Paulo, v. 20, n. 1, p. 9-23, 2019.

BOWLBY, John. **Formação e rompimento dos laços afetivos**. São Paulo: Martins Fontes, 1982.

CAMINHA, Renato M. **Filhos: ter ou não ter?** Eis a questão! [S. l.]: Literare Books International, 2020. 140 p.

CARPES, Pâmela Billig Mello *et al*. Parentalidade e carreira científica: o impacto não é o mesmo para todos. **Epidemiologia e Serviços de Saúde**, Brasília, v. 31, n. 2, p. e2022354, 2022.

COELHO, Ingrid Mesquita; DE SOUZA, Daniel Cerdeira; DA SILVA, Iolete Ribeiro. Características do relacionamento conjugal de casais que optaram por não ter filhos. **Nova Perspectiva Sistêmica**, São Paulo, v. 29, n. 67, p. 56-69, 2020.

CUNHA, Marina Silva da; ROSA, Ana Maria Paula; VASCONCELOS, Marcos Roberto. Evidências e fatores associados ao fenômeno de adiamento da maternidade no Brasil. **Revista brasileira de estudos de população**, [s. l.], v. 39, p. e0187, 2022.

DANTAS, Cristina Ribeiro Teixeira *et al*. Repercussões da parentalidade na conjugalidade do casal recasado: Revelações das madrastas. **Psicologia:** Teoria e Pesquisa, Brasília, v. 35, p. e3545, 2019.

DIEESE – DEPARTAMENTO INTERSINDICAL DE ESTATÍSTICA E ESTUDO SOCIOECONÔMICOS. **Boletim especial 8 de março Dia da Mulher.** As dificuldades das mulheres chefes de família no mercado de trabalho. São Paulo: DIEESE, 2023. Disponível em: https://www.dieese.org.br/boletimespecial/2023/mulheres2023.html. Acesso em: 20 ago. 2024.

EMÍDIO, Thassia Souza; GIGEK, Thaís. Elas não querem ser mães: algumas reflexões sobre a escolha pela não maternidade na atualidade. **Trivium - Estudos Interdisciplinares**, Tijuca, RJ, v. 11, n. 2, p. 186-197, 2019.

GARRIDO, Fanta Javiera; SACCO, Nicolás Alejandro. Tendencias de nuliparidad definitiva en países de América Latina y el Caribe: ¿hacia la desuniversalización de la maternidad? **Sociedad Mexicana de Demografía; Coyuntura Demográfica,** [s. l.], v. 13, n. 1, p. 25-32, 2018.

HERÉDIA, Vania Beatriz Merlotti; CASARA, Miriam Bonho; CORTELLETTI, Ivonne Assunta. Impactos da longevidade na família multigeracional. **Revista brasileira de geriatria e gerontologia,** Rio de Janeiro, v. 10, p. 7-28, 2019.

IBGE – INSTITUTO BRASILEIRO DE GEOGRAFIA E ESTATÍSTICA. **Indicadores sociodemográficos e de Saúde no Brasil - 2009.** Rio de Janeiro: IBGE, 2009. Disponível em: https://biblioteca.ibge.gov.br/visualizacao/livros/liv42597.pdf. Acesso em: 20 ago. 2024.

IBGE – INSTITUTO BRASILEIRO DE GEOGRAFIA E ESTATÍSTICA. **Estatísticas de Gênero** - Indicadores sociais das mulheres no Brasil. Rio de Janeiro: IBGE, 2022a. Disponível em: https://www.ibge.gov.br/estatisticas/multidominio/genero/20163-estatisticas-de-genero-indicadores-sociais-das-mulheres-no-brasil.html. Acesso em: 20 ago. 2024.

IGBE – INSTITUTO BRASILEIRO DE GEOGRAFIA E ESTATÍSTICA. **Censo Demográfico de 2022.** Principais Resultados. Rio de Janeiro: IBGE, 2022b. Disponível em: https://www.ibge.gov.br/estatisticas/sociais/trabalho/22827-censo-demografico-2022.html. Acesso em: 20 ago. 2024.

IBGE – INSTITUTO BRASILEIRO DE GEOGRAFIA E ESTATÍSTICA. **Indicadores sociais de fecundidade.** Rio de Janeiro: IBGE, 2023. Disponível em: https://www.ibge.gov.br/indicadores.html. Acesso em: 20 ago. 2024.

IPEDF – INSTITUTO DE PESQUISA E ESTATÍSTICA DO DISTRITO FEDERAL. **Informe demográfico IPEDF.** Nascimento e perfil das mães no Distrito Federal. Brasília-DF: IPEDF, 2023. Disponível em: https://www.ipe.df.gov.br/wp-content/uploads/2023/05/Informe-Demografico-Nascimentos-e-o-Perfil-das-Maes-no-DF.pdf. Acesso em: 20 ago. 2024.

KAHNEMAN, Daniel. **Rápido e devagar**: Duas formas de pensar. Tradução de Cássio de Arantes Leite. Rio de Janeiro: Objetiva, 2012.

LIMA, Gercina Ângela Borém de Oliveira. Modelos de categorização: apresentando o modelo clássico e o modelo de protótipos. **Perspectivas em ciência da informação**, Belo Horizonte, v. 15, p. 108-122, 2010.

MACHADO, Jacqueline Simone de Almeida; PENNA, Cláudia Maria de Mattos; CALEIRO, Regina Célia Lima. Cinderela de sapatinho quebrado: maternidade, não maternidade e maternagem nas histórias contadas pelas mulheres. **Saúde em Debate**, [s. l.], v. 43, p. 1120-1131, 2019.

MAISTO, Albert A.; MORRIS, Charles G. **Introdução à Psicologia**. Tradução de Ludmilla Teixeira Lima e Marina Sobreira Duarte Baptista. 6. ed. São Paulo: Prentice Hall, 2004.

NATIVIDADE, Jean Carlos *et al*. Desire to have children: validity evidence of an instrument. **Psicologia Clínica**, [s. l.], v. 32, n. 2, p. 273-294, 2020.

PEREIRA, Lívia Cretton; TSALLIS, Alexandra Cleopatre. Maternidade versus Sacrifício: uma análise do efeito moral dos discursos e práticas sobre a maternidade, comumente engendrados nos corpos das mulheres. **Revista Pesquisas e Práticas Psicossociais**, São João del-Rei, MG, v. 15, n. 3, p. 1-14, 2020.

PIEDADE, Maria Antonieta Requião. **Introdução à teoria da classificação**. Rio de janeiro: Interciência, 1983.

RODRIGUES, Patrícia Matos. Mal-estar na feminilidade: "Filhos... filhos? Melhor não tê-los! Mas se não os temos, como sabê-los?". **Revista aSEPHallus de Orientação Lacaniana**, [s. l.], v. 13, n. 26, p. 160-165, 2018.

SILVA, Helainne Santos da; BERNARDES, Rochele Juliane Lima Firmeza. O olhar do estado diante da família e da adoção homoafetiva. **Revista Ibero-Americana de Humanidades, Ciências e Educação**, [s. l.], v. 9, n. 10, p. 6539-6553, 2023.

STERNBERG, Robert; STERNBERG, Karin. **Psicologia cognitiva.** Tradução de Marcelo Fernandes; Revisão técnica de Noveritis. 2. ed. São Paulo: Cencage Learning, 2016.

TAVARES, Andressa; GUALBERTO, Silva; ANDRADE, Celana Cardoso. Tornar-se pais: uma compreensão gestáltica das diferentes parentalidades contemporânea. **Revista da Abordagem Gestáltica:** Phenomenological Studies, Goiânia, v. 27, n. 3, p. 267-277, 2021.

THE WORLD BANK. **World Bank Open Data.** [*S. l.: s. n.*], 2018. Disponível em: https://data.worldbank.org/. Acesso em: 10 set. 2024.

VARAS, Giuliana Violeta Vasquez; BORSA, Juliane Callegaro. Predictor variables of childbearing motivations in Brazilian women and men. **Paidéia,** Ribeirão Preto, v. 31, 2021.

ÍNDICE REMISSIVO

Autonomia 18, 41, 42, 54, 61, 62
Carreira profissional 40
Casais sem filhos 17, 21, 22, 26, 42
Conceito de família 21, 62
Contemporaneidade 19, 24-26, 36, 43, 45, 61
Cuidado 23, 27, 33, 35, 42, 49, 57, 62
Cultura 31, 35, 62
Decisão reprodutiva 38
Diferenças de gênero 62
Escolaridade 64
Escolha reprodutiva 53, 63
Família 17, 18, 21, 23-26, 39, 40, 43, 52, 62-64
Família multiespécie 25, 26, 64
Fecundidade 17-19, 21-23, 32, 35, 38
Filhos 17-19, 21-26, 31-33, 35-43, 45, 47-51, 53, 54, 57-59, 61-65
Gênero 17, 19, 26, 27, 31, 35, 40, 41, 43, 51, 53, 54, 62-64
Identidade 25, 36, 54, 61, 63
Liberdade 24, 41, 42, 49, 54, 56, 61, 62
Maternidade 18, 19, 23, 24, 31-33, 35-43, 47, 49, 52, 54, 57, 59, 63, 64
Mercado de trabalho 17, 18, 32, 37, 47
Motivações 19, 38, 39, 65
Não maternidade 19, 23, 35, 36, 40
Não parentalidade 45, 48, 61, 62, 65
Parentalidade 17, 25, 27, 31, 38-40, 42, 43, 45, 47-51, 56-58, 61-65
Paternidade 18, 19, 31, 39-42, 47, 49, 50, 53-55, 57, 63
Pressões sociais 19, 52, 62

Processos decisórios 17-19, 27, 31, 50, 53, 54, 57, 58
Raça 32, 63, 64
Racismo 63, 64
Religião 27, 38, 45, 48, 58
Responsabilidade parental 61
Sociedade contemporânea 40, 42, 43, 50, 61
Superpopulação 64